GELLÉ FRÈRES

PARFUMEURS-CHIMISTES SAVONNIERS

CATALOGUE GÉNÉRAL

MAISON PRINCIPALE

35, rue des Vieux-Augustins, 35

PARIS

GELLÉ AINÉ & CIE

Parfumeurs-Chimistes à Paris

USINE A VAPEUR A NEUILLY-SUR-SEINE

SUCCURSALES A S.-PÉTERSBOURG, HAMBOURG ET BRUXELLES

Dépôt chez tous les Parfumeurs et Coiffeurs de France et de l'Étranger

1858

ARTICLES SPÉCIAUX

RECOMMANDÉS PAR LA MAISON.

RÉGÉNÉRATEUR GELLÉ FRÈRES

Pommade supérieure et spéciale pour la crue et l'embellissement de la chevelure.

EAU D'ALBION

Cosmétique spécial pour la Toilette des Dames, n'ayant aucun des inconvénients des vinaigres qui dessèchent et durcissent la peau.

LOTION VÉGÉTALE GELLÉ FRÈRES

Composition à base de jaune d'œufs, pour ôter les pellicules de la tête, raffermir la racine des cheveux et leur donner de la souplesse et du brillant.

CARBO-QUINA-ROSE

Poudre dentifrice à base de Charbon, de Quinquina et de Rose de Provins.

ODONTEÏNE, ELIXIR DENTIFRICE

Il arrête la carie, nettoie et blanchit les dents et calme les douleurs névralgiques.

SAVON AU SUC DE CONCOMBRE

Émollient, adoucissant, suave d'odeur, telles sont les qualités de ce Savon si recherché du monde élégant.

SAVON AU SUC DE LAITUE

Émollient, onctueux, rafraîchissant, dédié aux personnes qui ont la peau délicate et sensible.

COMPOSITION ZOUAVE

Pour la Teinture des Moustaches et Favoris.

FABRIQUE
DE
SAVONS DE TOILETTE
de toute espèce

DISTILLATION
DE
FLEURS ET PLANTES
aromatiques

MÉDAILLE
à l'Exposition
DE PARIS

MÉDAILLE
à l'Exposition
DE LONDRES

CATALOGUE GÉNÉRAL

SAVONS. — SAVONS NUS.

Nos		fr.	c.
1	**SAVON** Monstre toutes couleurs	6	»
805	— — n° 2, assorti de couleur.	5	»
520	— Demi-Monstre, — —	3	50
528	— sans angles, plat, avantageux, assorti de couleur.	3	»
2	— Guimauve toutes couleurs	3	»
3	— — mousseux, bande paillon	4	»
4	— Moulure à mains, toutes couleurs.	3	»
5	— Guilloché — 1re grosseur .	3	»
6	— — — 2e —	2	50
7	— — — 3e —	2	»
8	— Coquille —	1	20
9	— Uni sans angles, — 1re grosseur .	3	»
10	— — — — 2e —	2	50
11	— — — — 3e —	2	»
12	— — — — 4e —	1	75
771	— — — — 5e —	1	50
772	— — — — 6e —	1	25
13	— Cosmopolite —	3	»

SAVONS NUS

— SUITE —

Nos		fr.	c.
14	**SAVON** à Portrait ass. de figres, toutes couleurs. . . .	4	50
15	— des Familles — 1re grosseur .	3	»
535	— — — 2e —	2	50
536	— — — 3e —	2	»
534	— Universel —	4	50
16	— Rond plat —	3	»
17	— National à base de laitue, par carton de 6. . . .	4	50
18	— Militaire.	3	»
19	— Ovale toutes couleurs.	2	50
20	— Pâte d'amande bise.	3	50
21	— Sable	2	50
22	— Pâte d'Amande blanche.	4	50
23	— Nu carré rose et brun	1	25
24	— — — —	1	50
814	— — — —	2	»
553	— Anglo-Français	3	»
670	— Hygiénique toutes couleurs.	3	50
25	— Miel mouche, carton de 6	6	»
577	— — — n° 2 — —	4	50
26	— Fruit sans apprêts étrangers, ass., carton de 6 .	4	50
503	— — naturalisé . . . . — —	7	50
474	— forme Rose, boîte de 6.	5	»
475	— — Marguerite, boîte de 6.	5	»
27	— Ovoïde ass. de couleur, —	3	»
669	— Noix d'Afrique, caisse de 3 douzaines	13	50
66	— Carré Windsor, rose ou blanc	4	50
67	— — — — — petit modèle . . .	2	50
68	— Américain, brun	3	»
69	— — — petit modèle.	2	50
72	— Cocoa nut oil —	2	50
94	**SAVONNETTES** boule roses et marbrées, 1re grosseur	6	»
96	— — — — 2e —	4	50
101	— — — — 3e —	3	»
102	— — parfumée à la rose.	12	»
103	— — transparente	12	»
104	— — — gros modèle . . .	18	»
537	**SAVON** racine d'Iris, carton de 3	5	»
549	— fleur d'Amandier, — la douzaine de boites	10	»

SAVONS NUS

— SUITE —

Nos		fr.	c.
554	**SAVON** de Paris, paquet de 3, la douzaine de paquets.	8	»
569	— l'Indispensable, carton de 3, — de cartons.	9	»
578	— old Brown Windsor soap, paq. de 3, la dne de paq.	4	»
74	— — — — — — —	7	»
692	— léger pour bain, la boîte de 100 morceaux, net.	6	»
807	— — — — de 3 douzaines.	7	50
46	— Californien assorti de couleurs, cart. de 12 et de 6	4	50
50	— léger pour bain, par boîte.	6	»
745	— fleur de Mauves, boîte de 3 savons	5	»
746	— suc de Guimauve, — —	5	»
747	— Lichen d'Écosse, — . —	5	»
75	— en boîtes de fantaisie, forme octogone.	12	»
76	— — — dite des chevaliers. . . .	12	»
77	— — — carrée à sujet	12	»
78	— — — violettine.	7	50
79	— Mosaïque en boîtes de fantaisie sujets variés. . .	12	»
80	— d'Aveline, ordinaire, en boîtes	3	75
81	— — mousseux —	5	»
82	— en boîtes de fantaisie dites Camée.	15	»
83	— — — ovale sujets variés.	9	»
84	— — — dite Surprise, avec glace.	15	»
85	— Palmodor, en boîtes.	6	»
86	— en boîtes forme malle.	9	»
87	— Vénus, boîte Coquille.	10	»

SAVONS ENVELOPPÉS.

N°s		fr.	c.
808	**SAVONS** carrés dits Passe-Partout enveloppés	1	25
61	— — — —	1	50
60	— — — —	1	75
809	— sans angles, enveloppés, étiquette gaufrée dorée.	1	50
810	— — — — — —	1	75
811	— — — — — —	2	»
812	— — — — — —	2	50
813	— — — — — —	3	»
59	— — — — — —	3	50
62	— carrés, étiquette renommée	3	50
819	— Anglo-Français, enveloppés	3	50
57	— sans angles, Souvenirs de Paris, ass. de vues. .	4	»
63	— Américain n° 1	3	50
65	— — n° 2	4	»
806	— — n° 3	2	50
64	— de Naples	4	»
70	— Windsor	2	50
71	— —	3	»
73	— Cocoa nut oil Soap	3	»
55	— Ponceux hygiénique n° 1	8	»
53	— — — n° 2	6	»
54	— — — n° 3	4	50
51	— Windsor sans angles.	4	50
815	— des Enfants	2	50
818	— National à base de laitue, enveloppé.	5	»
44	— Pâte d'Amande bise	5	»
816	— — — blanche	5	»
52	— Hydrotherme ou léger.	6	»
566	— léger Chinois.	5	»
568	— Chinois quadrangulaire	9	»
633	— d'Alicante	3	»
37	— Palmier, étiquette riche.	6	»
38	— Royal mousseux.	6	»
40	— à la Menthe surfine	6	»
41	— Sanitaire camphré.	6	»
42	— d'Albâtre au blanc de perles	6	»
43	— des Grâces, assortis de sujets.	6	»
48	— Impérial	6	»

SAVONS ENVELOPPÉS

— SUITE —

Nos		fr.	c.
49	**SAVON** Huile de Coco	6	»
650	— des Enfants de France.	6	»
36	— Amandes amères, enveloppes paillon	4	50
34	— — — — surfin. . .	6	»
579	— — — carré, — —	6	»
28	— — — —	9	»
88	— Végétal au Lait d'Amandes.	12	»
58	— carré à la Rose.	5	»
35	— à la Rose végétale, petit modèle	6	»
30	— — —	9	»
32	— Superfin à la rose, étiquette argent.	12	»
29	— à la Rose blanche	12	»
648	— à la Rose de Bengale	12	»
649	— — thé.	12	»
538	— — renommée.	12	»
91	— au suc de Rose.	15	»
540	— à la Rose de Turquie	18	»
530	— fin, assorti d'odeurs, n° 3.	6	»
56	— — — n° 1.	9	»
33	— Guimauve —	9	»
31	— Géranium Rosat.	9	»
39	— Beurre de Cacao.	9	»
45	— Benjoin.	9	»
47	— Miel d'Angleterre	9	»
555	— des Sultanes.	9	»
556	— Ambroisie	9	»
817	— Omnibus gros modèle, avantageux	7	50
89	— suc de Concombre	12	»
90	— dulcifié, assorti d'odeurs.	12	»
567	— Fraises des bois	12	»
539	— aux Limaçons	12	»
541	— Cold-Cream	12	»
93	— suc de Laitue	12	»
588	— — — surfin.	15	»
704	— fleur de Riz	15	»
705	— Royal Yacht Club	15	»
706	— cuir de Russie.	15	»
707	— Spring flowers	15	»

SAVONS ENVELOPPÉS

— SUITE —

Nos.		fr.	c.
92	SAVON Vanille blanche.	18	»
587	— Jasmin d'Orient.	18	»
703	— des Souverains (portraits assortis).	18	»
835	— Lénitif extra fin, ass. d'odeurs, étiq riche. . .	18	»

CRÈMES ET POUDRES DE SAVON

POUR LA BARBE.

Nos		fr.	c.
238	Flacon Essence de Savon pour la barbe	3	»
239	— — — —	4	50
240	— — — —	6	»
331	— Fluide végétal savonneux	12	»
380	Tabatière terre de pipe, Savon onctueux	12	»
381	Pot porcelaine, 2 onces, Crème d'Amandes amères . . .	12	»
382	Tabatière terre de pipe, Savon onctueux	10	»
383	— — décalq. Crème d'Amandes amères	12	»
384	Pot porcelaine, 2 onces, Savon de Naples	12	»
385	Tabatière terre de pipe décalq. Crème d'Amandes amres	10	»
386	— — Crème Savon à base de laitue.	12	»
387	Pot porcelaine, 2 onces, Savon onctueux	12	»
388	Tabatière porcelaine, Savon onctueux.	15	»
389	— — Crème d'Amandes amères	15	»
390	Flacon Glaçophane, Savon mou transparent pr la barbe.	9	»
391	Tabatière terre de pipe, Crème d'Ambroisie	12	»
392	— porcelaine décorée, Crème de Savon assortie.	30	»
393	— — — — — —	36	»
394	— cristal à côte, Savon onctueux.	30	»
395	— — octogone, Crème d'Amandes	30	»
396	Flacon Glaçophane, Savon mou transparent pr la barbe	6	»
397	— — — — —	9	»
401	Tabatière porcelaine filet or, Crème d'Amandes	24	»
546	Pot — Crème de Savon Benzoïde pr barbe.	15	»
551	Boite — Crème Dermeine	12	»
561	Gobelet verre opale capsulé, Crèmes assorties	12	»
398	Boite ronde Poudre de Savon ass.	3	»
400	— — — — — grand modèle. . . .	6	»
402	— ovale — — — moyen —	5	»
403	— — — — — petit —	4	»
404	— — — — — grand —	6	»
406	— oblongue — — Guimauve	9	»
656	— octogone — — Onctueux parfum exquis	7	50
632	Flacon cannelé — — (poudrière capsulée). . .	15	»

COSMÉTIQUES

POUR LES CHEVEUX ET LA BARBE.

Nos		fr.	c.
191	Pot porcelaine, Pommade Hongrse pr fixer les moustaches	9	»
542	Flacon bouché émeri — — —	12	»
640	— — liége P.M. — —	6	»
408	Bâton rond Cosmétique assorti de couleurs et d'odeurs.	9	»
409	— — Pommade collante pr les toupets	6	»
785	— — — — — (Rey de Toulouse)	9	»
410	— ovale Cire à moustches ass. de couleurs et d'odeurs	2	50
412	— rond — — —	1	50
411	— — Cosmétique Périclès — —	6	»
413	— ovale — — —	6	»
414	— — — — —	4	50
415	— carré — — —	3	»
416	— — — ordinaire — —	2	50
417	— — — moëlle de bœuf, enveloppe-papier couleur	15	»
418	— — — graisse d'ours, — —	15	»
419	— — — vanille blanche, — —	18	»
420	— — — ass. de couleurs, — paillon. . .	10	»
589	— rond — — — —	6	»
590	— carré — — — papier. . .	6	»

BANDOLINES ET LUSTRALINES

Nos	POUR LA BARBE ET LES CHEVEUX.	fr.	c.
243	Flacon carré, Bandolines assorties rose et blanche . . .	3	»
246	— rond, Crème Cydonia.	12	»
247	— carré, Bandoline assortie rose et blanche	6	»
248	— tombeau, — — — —	3	»
436	— — — — — —	6	»
438	— violon, — — — —	6	»
440	— cerf-volant, Lustrine ass. — —	5	»
490	— encadrement, Bandoline assortie rose et blanche	6	»
491	— encadrement, Bandoline P.M. ass. rose et blanche	3	50
661	— carré, — G.M. — — —	9	»
545	— en étui, Mixtion de François Ier pour rendre les cheveux souples et brillants	12	»
639	— carré plat, Lustrine végétale pour rendre les cheveux souples et brillants	12	»
735	— gourde, Comeline pour lustrer les cheveux. . .	9	»
786	— cylindrique, Brillantine pour lustrer la barbe. .	12	»
437	— plat, Pylogène pour faire pousser la barbe . . .	6	»

POMMADES

POTS ET FLACONS.

Nos		fr.	c.
105	Flacon verre, pommade **RÉGÉNÉRATEUR** Gellé frères	15	»
106	Pot porcelaine décalqué, — — Gd modèle	36	»
107	— — — — — Petit —	18	»
111	— — — Graisse d'ours.	15	»
112	— — — Moelle de bœuf	15	»
113	— — — Pommade du Lion.	15	»
114	— terre de pipe, Graisse d'ours	12	»
115	Boite — —bleu Moelle de bœuf.	15	»
114 bis	— — — —	12	»
116	Pot porcelaine 2 onces, Graisse d'ours.	12	»
117	— — — Violette de Parme extra-fine	18	»
118	— — — Pommade du Lion	12	»
119	— — — — Rhum et Quinquina	12	»
120	— — — — Dupuytren.	12	»
122	Gobelet verre, couvercle plaqué, Crème Duchesse assort.	30	»
123	— porcelaine — Pommade concentrée —	24	»
124	— — — — — —	18	»
125	— verre, — Crème Duchesse, petit modèle.	18	»
126	Pot porcelaine décalquée, Fluide ferrugineux. . .	15	»
127	Gobelet verre, couvercle plaqué, — chilien	18	»
128	Pot bas porcelaine, Violette de Nice	15	»
129	— — décalqué, Vanille blanche	18	»
130	— — — —	15	»
131	Boite terre de pipe 4 onces, Pommade tonique Rhum et Quinquina	18	»
132	Pot — 1 — Pommade tonique Rhum et Quinquina	6	»
133	Boite — 4 — Graisse d'ours canadienne.	18	»
136	Pot bas porcelaine, 2 — Pommade tonique au Beurre de Cacao.	12	»
140	— 1 once faïence, Moelle de bœuf.	6	»
141	— — — Pommade du Lion	6	»
142	— — — Graisse d'ours.	6	»
143	— ¼ once — pommade mi-fine	2	»
144	— 1 once — — fine.	4	50

POMMADES POTS ET FLACONS

— SUITE —

Nos		fr.	c.
145	Pot 1 once faïence, Pommade surfine	6	»
146	— ½ once — — fine.	2	50
147	— — — — surfine	3	50
148	— 1 once — — mi-fine	3	50
149	— — — — double	3	»
150	— ½ once — — —	1	80
151	— porcelaine dorée, couvercle à bouton, Extrait de pommade assortie	24	»
152	— — filet or, Pommade surfine	18	»
153	— — décorée, — —	24	»
154	Flacon bouché émeri, pommade Conservateur de la chevelure, étui en buis	36	»
155	Pot porcelaine, Pommade de Macassar, étui en carton.	12	»
156	— faïence verte, 2 onces, Pommade fine.	6	»
157	— — blche, 4 — — Moelle bœuf ord.	6	»
158	— faïence, 1 once, Pommade Négritive.	6	»
160	— porcelaine décorée, — surfine assortie d'odeurs.	10	»
159	Baril en buis, véritable Graisse d'ours du Nord.	15	»
165	Flacon verre opale, Philocome hygiénique	12	»
166	— — — Fluide Violette de Parme.	15	»
167	— — — Philocome hygiénique	9	»
168	— — Pommade Graisse d'ours cristallisée. . . .	12	»
169	— — — Fluide orangine.	9	»
170	— — — Oléine d'acacia	12	»
171	— — — Moelle de bœuf Quinquina . . .	12	»
172	— — — — — — . . .	9	»
173	— — — Fluide nutritif à la mousseline.	12	»
174	— — — Moelle de bœuf Quinine.	12	»
175	— — — Fluide d'Acacia.	12	»
176	— — Philocome, 2 onces, assorti d'odeurs . . .	9	»
177	— — rond, Philocome, 1 once, ass. d'odeurs.	6	»
178	— — — bas, — — — —	6	»
179			
180			
181	— — plat, encadr., ½ Philocome ass. d'odeurs	3	50
182	— — Fluide de Java.	10	»
183	— — Pommade Orientale	6	»
184	— — Fluide de Géorgie	10	»

POMMADES POTS ET FLACONS

Nos	— SUITE —	fr.	c.
185	Flacon verre, Pommade Violettine.	12	»
186	— — — Régénérateur assortie d'odeurs.	9	»
187	— — — Violettine extra surfine.	24	»
188	— — — Huile de noisettes.	7	50
189	— — bouché étain, Crème oléagineuse	24	»
190	— — pommade Capillophile assortie d'odeurs .	7	»
469	Pot porcelaine sujet fleurs animées, pommade surfine assortie.	39	»
470	Boite — décorée, pommade surfine assortie . . .	24	»
471	Pot — Médicis, — — — . . .	36	»
472	— — — haut, — — — . . .	36	»
473	— — animaux ass.— — — . . .	24	»
493	— verre cannelé, pommade ordinaire	4	50
494	Salière simple, — —	2	50
496	Coquetier, — —	3	50
497	Pot cristal à médaillon, couvercle verre, pommade surf.	24	»
483	— porcelaine poupard, pommade surfine	24	»
498	Moutardier à couvercle, — —	15	»
»	— — — fine.	12	»
»	— — — ½ fine	9	»
499	Pot verre médaillon, — surfine	9	»
»	— — — fine.	6	»
500	Petit verre, pommade ordinaire.	3	50
501	Pot verre dit Lavallière, pommade surfine.	9	50
»	— — — fine	7	»
»	— — — ½ fine	6	»
502	Gobelet dit Franc-Maçon — ordinaire	3	50
504	Flacon moelle de bœuf purifiée, Vanille blanche.	15	»
505	— pommade Bouquet des champs	12	»
506	— verre opale, Graisse d'ours aux fèves Tonka . .	12	»
507	Boites verre, Moelle de bœuf. (Modèle pot bleu terre de pipe	15	»
508	Gobelet verre pincé décoré à fleurs, pommade surfine assortie.	24	»
509	Pot porcelaine, Moelle de bœuf à la violette des bois . .	18	»
531	Flacon verre opale, pommade Lilas-flor.	12	»
532	— — — bouquet de Chambord . .	12	»
533	— — — — de Victoria. . . .	15	»

POMMADES POTS ET FLACONS

— SUITE —

Nos		fr.	c.
544	Flacon verre opale, Pommade Suc des fleurs	9	»
547	— — — Crème parisienne.	8	»
548	Pot — — Bouquet de l'Impératrice	15	»
557	Vase cristal porte-allumettes, Pommade des Sultanes .	24	»
560	Gobelet verre opale cannelé, Fluide parisien (capsulé) .	15	»
565	— — — — Fraise des bois.	18	»
570	Flacon — — capsulé, Pommade Triple Alliance.	12	»
572	Pot faïence vert, 1 once, pommade ordinaire.	2	50
581	Flacon verre opale capsulé, Pommade Crème printanière	12	»
582	— carré, Philocome sans nom ordinaire	5	»
583	Baril buis Graisse d'ours, petit modèle	12	»
584	— — — — moyen modèle	24	»
585	— — — — grand modèle	30	»
611	Flacon verre capsulé étain, Philocome assorti	6	»
619	— — encadrement — — sans nom	5	»
620	— — — ½ Philocome— —	2	50
637	— — violon, Philocome assorti d'odeurs	6	»
638	— — toupie opale, Pommade Divine	12	»
644	— — pommade Réparateur des cheveux ass. .	12	»
653	— — bouchon plaqué, Philocome ass.	6	»
654	— — opale gourde à couvercle, pommade Fleur des Alpes	12	»
658	— — — caps., Pom^{de} à base d'huile de noisette	12	»
665	— — rond b. émeri en étui, Pommade Dubarri.	24	»
668	— — opale carré, pied capsulé, Philocome moelle de bœuf	12	»
671	— — à pied, ½ Philocome ass. d'odeurs	3	50
683	Gobelet cristal opale décoré, fleur plaquée or, Crème Duchesse assortie	42	»
694	Flacon verre opale à pied, bouchon plaqué, Philocome assorti.	7	»
695	— — gourde capsulé décalq., Pommade blanche fluidifiée assortie.	30	»
699	— — opale à pied capsulé, Pommade orientaline assortie	15	»
708	— — cadran, Pommade Moelle de bœuf purifiée	12	»
720	Pot faïence à ancre, Jamaica Pommatum.	12	»
721	Salière double à tige, Pommade assortie.	7	50

POMMADES POTS ET FLACONS

— SUITE —

Nos		fr.	c.
723	Flacon verre opale cylindrique capsulé, Crème Ducale.	15	»
749	Gobelet cristal couleur, Crème impériale de Russie et de France (capsulé or).	48	»
753	Flacon verre épaulement capsulé, Pommade surfine ass.	9	»
755	— — Philocome moyen modèle ass.	4	50
756	Vase Médicis en verre à couvercle, Pommade ordinaire.	6	»
757	Flacon verre écusson, Topique capillaire	15	»
762	Gobelet à filet doré capsulé or, Crème Duchesse	36	»
763	— pincé à filet doré et fleurs, capsulé or, Crème Duchesse (grand modèle).	42	»

HUILES ANTIQUES.

N°s		fr.	c.
286	Flacon goulot, Huile surfine.	4	»
287	— — — —	4	50
288	— — — —	5	»
289	— — — —	6	»
290	— — — —	9	»
744	— — — —	12	»
291	— — — —	3	»
292	— ovale — —	4	»
293	— — — —	5	»
294	— — — —	6	»
295	— carafe — —	5	»
296	— hexagone — —	3	50
297	— — — —	4	50
298	— — — —	6	»
324	— trèfle — de pistache	6	»
325	— Huile Géorgienne	6	»
326	— trèfle, Huile de pistache	9	»
327	— col à boule, Huile de Sévigné	6	»
328	— Huile Géorgienne, petit modèle.	3	50
329	— — Algérienne.	6	»
330	— — florale en étui.	9	»
332	— plat fantaisie, Huile antique.	9	»
336	— Huile de Macassar, petit modèle	6	»
337	— — — moyen —	9	»
338	— — — grand —	12	»
459	— gothique, Huile ordinaire	2	50
460	— temple, — —	2	50
461	— gothique encadrement, huile ordinaire	2	50
462	— — —	2	»
463	— — —	1	50
464	— temple	1	75
466	— gothique	1	50
672	— Huile de Macassar Rowland.	6	»
673	— — — —	9	»
674	— — — —	12	»
727	— gothique encadrement, Huile de noisette, goût de fruits, 1 once ¼	9	»
728	— val d'Andorre, 1 once, Huiles assorties.	6	»

HUILES ANTIQUES

— SUITE —

Nos		fr.	c.
729	Flacon balustre ronde — — —	6	»
730	— ventre à pied — — —	6	»
731	— balustre ovale — — —	6	»
732	— rond cylindriq. — b. émeri, Extr. d'huile ass.	12	»
733	— — — 1 once ½ — — —	18	»
734	— — — 2 onces, — — —	24	»
764	— oriental, 1 once ¼, non bouché, Huile antique.	7	50
765	— Val d'Andorre, ½ once, — — —	3	»
766	— à pied évidé, Huile orientale pr lisser les cheveux.	6	»
838	— 2 onces, à pied, Huile antique ass.	12	»
839	— 1 ¼ once — — —	7	50

PRÉPARATIONS

POUR LE TEINT.

N^os		fr.	c.
121	Pot porcelaine, 2 onces, Cold-Cream pour le teint. . . .	12	»
134	— terre de pipe décalq., — anglais.	12	»
135	— porcelaine, 2 onces, —	15	»
137	— faïence, 1 — Crème de Perse	9	»
138	— — 1 — — de Limaçon.	6	»
139	— — 1 — — de Concombre	6	»
162	— porcelaine, Pommade Rosat pour les lèvres.	6	»
163	Boîte de buis, — — —	3	»
164	Pot porcelaine à couvercle décoré, Pommade Rosat . .	15	»
214	Flacon ovale, Lotion Gellé frères pour le teint	18	»
266	— long col, Lait virginal — P.M. . .	6	»
267	— — — — G M. . .	12	»
268	— — Lait de Roses — P.M. . .	9	»
269	— — — — G.M. . .	15	»
399	Boîte ronde, Blanc de neige pour la peau.	12	»
427	— carton rouge avec houppe, Poudre de Riz.	15	»
428	— en bois de Spa, — —.	39	»
429	— carton rouge sans houppe, — —.	12	»
430	— — plat, — — — —.	3	50
559	Étui — ass. de couleur avec houppe, Poudre de Riz.	15	»
562	Gobelet opale capsulé, Cold-Cream framboisé.	15	»
580	Étui carré de 125 gr., Poudre de Riz, la douz. 6 f.—le k°	4	»
586	Paquet de 125 gr., P^dre de Riz mi-fine, — 3 —	2	»
635	Boîte carton ronde, petit modèle, Poudre de Riz. . . .	6	»
642	Flacon carré, Lait végétal au bouton de rose.	15	»
684	Boîte métal angl., forme gourde avec houppe, P^dre de Riz	36	»
690	— carton forme orientale, houppe et glace, — —	18	»
758	— cristal filet doré, gourde capsulé or, P^dre de Riz surf.	48	»
767	Paquet Poudre à poudrer 125 gr. assortis, le kil. . . .	1	20
768	Boîte carton à 2 compartim. avec houppe, Poudre de Riz	15	»
769	— métal anglais avec ou sans bouton, petit modèle.	27	»
770	— — — — — grand modèle	36	»

FARDS

Nos		fr.	c.
256	Flacon carré, Vinaigre de Rouge	3	50
257	— — — —	6	»
258	— — — —	9	»
259	— — — —	12	»
270	— carafon, Eau de Perle pour blanchir la peau. .	9	»
271	— carré plat — — — . .	12	»
272	— épaulemt encadrt, Eau de Beauté pr blanchir la peau, P. M.	6	»
273	— — — — — G. M.	12	»
434	Boite navette, Blanc de Perles en poudre.	9	»
476	Pot faïence, — —	6	»
478	— — Rouge de théâtre.	6	»
573	Boite navette, — — en poudre.	12	»
599	Flacon cristal croix de Malte, Blanc de Perles diaphane.	21	»
657	Boite oblongue, dessus satin, Toilette de Vénus rouge et bl.	24	»
773	Pot faïence, Blanc et Rouge fin de théâtre n° 18.	7	50
774	Boite pot plat — — — — —	7	50
775	Pot faïence — — . — aux fleurs.	9	»
776	Boite pot plat — — — —	12	»
777	— métal anglais, Blanc et Rouge végétal surfin . .	18	»
778	Pot porcelaine, — — — — . .	18	»
779	Boite — — diaphane en pâte	18	»
780	Pot — filet or en boite, Blanc ou Rouge végét. surfin	24	»
781	Boite pot plat garnie de chenille, Blanc ou Rouge végétal des Indes.	27	»
782	Pot porcelaine filet or, en boite avec tampon, Blanc ou Rouge végétal de Venise.	36	»
783	Pot porcelaine décorée, boite avec tampon, Blanc ou Rouge de Saflor.	48	»
784	Godet porcelaine filet or, petit modèle, boite riche, Blanc ou Rouge végétal superfin	48	»
842	Flacon cristal cylindrique, 2 onces, bouché pincé, Blanc de perle liquide superfin	30	»

PRÉPARATIONS

N^{os}	POUR LES MAINS.	fr.	c.
161	Pot porcelaine 2 onces, Amandine.	12	»
421	Étui de 250 gr., Farine de Guimauve.	9	»
422	Sac — — de Noisettes.	9	»
423	Étui — Pâte citronine.	12	»
424	— 125 Pâte d'amandes blanche amère, le kil.	3	60
425	Paquet — — — bise amère . . —	1	50
426	Étui — — — blanche douce. —	2	40
435	Boite ronde, Pâte d'amandes bise amère . . . la douz.	3	50
455	Étui oval, Pâte savonneuse	12	»
457	Pot vert, 4 onces, Pâte au miel.	12	»
837	Flacon — — —	12	»

TEINTURES

N^{os}	ET PRODUITS CHIMIQUES.	fr.	c.
244	Flacon rond, Essence à détacher	6	»
245	— carré, — vestimentale à détacher.	6	»
405	Boite ronde, Poudre de Florence pour les bottes. . . .	1	80
407	— — — — —	2	40
441	Flacon Gantophile pour nettoyer les gants	6	»
443	— Eau de Chine pour teindre les cheveux.	18	»
444	Étui flacon, Sélénite — —	12	»
445	— triangul^{re}, P^{dre} de Malabar — —	18	»
446	Flacon Eau de Chine . — —	15	»
448	— 4 onces Poudre nigritive— —	15	»
449	— 3 — — — — —	12	»
450	— 6 — — — — —	18	»
452	— 1 — — — — —	6	»
454	— 2 — — — — —	9	»
451	— Poudre épilatoire.	12	»
453	Boite ronde ferblanc, Poudre du Liban p^{r} teindre les chev^{x}	12	»
456	— carrée, Liquide transmutatif — —	48	»
458	— — Eau de France — —	48	»
465	— oblongue, Composition zouave pour teindre les favoris et les moustaches.	18	»
600	— palissandre, Poudre ongulaire p^{r} polir les ongles.	24	»
614	Flacon 6 onces, Sachet oriental pour les bains.	9	»
696	Boite porcelaine, Poudre ongulaire p^{r} polir les ongles.	12	»
787	Flacon sacoche ovale, Benzine Gellé frères, Essence à détacher P.M.	6	»
788	— — — — — — G.M.	9	»
797	Bâton Pâte Zéolithe de Hamon p^{r} faire couper les rasoirs.	2	50

DENTIFRICES

Nos		fr.	c.
250	Flacon carré, Esprit de Menthe.	9	»
253	— rond, Eau dentifrice.	6	»
254	— — —	9	»
255	— — Esprit de Pyrèthre	15	»
260	— carré, Eau dentifrice hygiénique de Paris. . . .	12	»
261	— — Elixir de Ratanhia	15	»
262	— rond, — de Rose de Paris.	9	»
263	— — — — — G. M.	18	»
264	— — Eau balsamique de Botot.	15	»
339	Pot sablé, Opiat Dentifrice P.M.	3	50
340	— — — — M.M.	4	50
341	— — — — G.M.	6	»
345	Pot porcelne — — P.M.	7	50
346	— — — — M.M.	9	»
347	— — — — G.M.	12	»
348	Boîte bois carrée, Poudre Dentifrice à la rose	6	»
349	— carton — — végétale de Paris.	12	»
350	— bois — — carbonique	9	»
351	— navette — à la rose	4	50
352	— ovale — de Corail	3	»
353	— — — d'Andrinople	6	»
354	— ronde — de Corail	2	50
355	— — ferblanc — Charcoal	6	»
356	— bois ronde — Charcoal	6	»
357	— — — de Spa, Poudre dentifrice à la rose .	7	50
358	— — — — — — —	9	»
359	— — — — — — —	12	»
594	— — carrée — — — —	15	»
360	Flacon verre bouché émeri, Opiat.	12	»
362	— — — — —	18	»
495	— — — liége —	6	»
361	Boîte médaillon, Poudre à la Menthe.	9	»
363	— carrée, Poudre de Ceylan	6	»
364	— — longue, Poudre Odontalgique.	6	»
365	— — Poudre de Ceylan	9	»
366	— ovale à sujet, Poudre de Corail.	4	50
367	— carrée, Poudre Maotcha.	8	»
368	— méduillon, Poudre à la Menthe.	4	50

DENTIFRICES

Nos	— SUITE —	fr.	c.
370	Boîte porcelaine odontophile, Dentifrice solidifié. . . .	18	»
372	Flacon verre opale, Poudre Dentifrice hygiénique . . .	9	»
373	Malle dorée, Poudre dentifrice.	6	»
374	— à baguette, papier de fantaisie, Poudre dentifrice.	7	50
375	Boîte porcelaine, Poudre Carbo-Quina-Rose	9	»
376	— ronde métal, — Dentifrice au Quinine	7	50
377	Pot étain, Opiat Dentifrice P.M.	6	»
378	— — — M M.	9	»
379	— — — G M.	12	»
492	Flacon Élixir de Ratanhia.	12	»
575	Boîte ronde, filet or, Poudre hygiène de la bouche. . .	9	»
623	— — ferblanc, Poudre d'Opiat de Gellé frères. .	12	»
664	Flacon rond capsulé, Esprit de Menthe.	15	»
442	— étui, Eau des fumeurs.	12	»
447	— — Trésor de la bouche	12	»
789	— cylindrique, Eau de Botot P.M.	6	»
790	Boîte carrée, Poudre Maotcha G.M..	12	»
791	— navette, — à la Rose —	6	»
792	— carrée acajou, Poudre à la Rose	12	»
793	— différents modèles, Poudre de Corail ord. (5 mod.)	2	»
794	— — — — — (3 —)	1	50
795	Boîte métal plaqué or, Poudre Odontéine.	30	»
796	Flacon carafon bouché émeri, Odontéine Élixir Dentifrice	21	»
479	Boîte losange, Porcelaine fleur relief, Poudre —	21	»

EAUX ATHÉNIENNES

Nos.	ET DE TOILETTE.	fr.	c.
195	Flacon à pans, Eau d'Albion pour la toilette	12	»
196	— — — — G.M. . . .	24	»
197	— Parfum des Princes —	15	»
198	— — Indicateur du sentiment.	15	»
213	— Lotion végétale à base de jaunes d'œufs.	18	»
215	— Eau de Portugal pour la toilette.	12	»
216	— — Athénienne assortie d'odeurs	10	»
217	— — — — —	9	»
218	— — — — —	12	»
333	Carafe cristal Médicis, Eau de toilette assortie	30	»
334	— — Madère — — —	30	»
550	Flacon verre, Sève capillaire pour nettoyer les cheveux.	12	»
552	— — Eau de Verveine des Indes pr la toilette.	18	»
709	— violon, Esprit d'odeurs pour la toilette assorti. .	12	»
759	— plat bouché émeri, Eau de Quinine pour nettoyer la tête.	15	»
798	— — Eau Athénienne assortie d'odeurs	6	»
799	— quille — — — —	6	»
801	— sacoche ovale, Eau de toilette assortie	12	»
836	Carafe burette, bouché boule allongée	24	»

EAUX PECTORALES

N^os		fr.	c.
279	Flacon rouleau, Eau de Mélisse des Carmes	6	»
431	— sacoche — de Fleurs d'oranger.	9	»
432	— ½ — — — —	6	»
433	— carré — — —	12	»

VINAIGRES DE TOILETTE

Nos	ET SELS DE VINAIGRE.	fr.	c.
207	Flacon Vinaigre hygiénique camphré	12	»
208	— clissé osier, Vinaigre de Florence	24	»
209	— épaulement — —	12	»
210	— carré, Vinaigre Cosmétique	11	»
211	— — — Aciduline	12	»
212	— — — des Princes	12	»
571	— — — dit de Bully	11	»
685	— ovale, — hygiénique aux herbes marines.	10	»
800	— carré capsulé, Vinaigre de Benjoin.	12	»
335	— enveloppe, Vinaigre aromatique (Henry's Aromatic Vinegar)	18	»
439	— bouché émeri, Vinaigre des Quatre-Voleurs . . .	9	»
592	— — — — anti-épidémique.	12	»
593	— en étui palissandre, Vinaigre et Sel.	18	»
743	— Vinaigre hygiénique grand modèle.	18	»

SACHETS ET BOITES

Nos	DE PARFUMERIES.	fr.	c.
369	Boîte octogone, Pastilles du Sérail.	9	»
371	— ronde — —	6	»
591	— octogone, papier de fantaisie, Pastilles du Sérail.	9	»
481	Sachet cabas, osier et satin assorti de couleurs et odeurs	12	»
482	Boîte de 6 bouteilles, Eau d'odeurs assorties	15	»
467	Malle de 2 — — — —	7	50
484.	Boîte nécessaire, Parfumerie . . . . la pièce.	6	»
485	— — — . . . . —	18	»
486	— — — . . . . —	15	»
487	Cave cotteret, 2 flac. cristal taillé, Extrait ass. —	6	»
488	Panier 4 bouteilles, Eau d'odeurs assorties	12	»
489	— 6 — — — —	15	»
522	Sachet osier assorti de forme et d'odeurs.	9	»
523	— — baril Patchouli	15	»
525	— — assorti de forme et d'odeurs.	12	»
613	Sac Patchouli percale rose.	2	50
624	Boîte carton à sujet, Parfumeries assorties. . la pièce.	2	»
625	— — — — — . . —	3	»
626	— — — — — . . —	4	»
820	— — assortis — — . . —	5	»
821	— — — — — . . —	8	»
822	— — — — — . . —	9	50
823	— — — — — . . —	10	50
824	— — — — — . . —	12	»
627	Sachet papier de fantaisie assorti d'odeurs. . la douz.	3	»
628	— — — — . . —	4	50
629	— — — — . . —	6	»
630	— — — — . . —	9	»
631	— — — — . . —	12	»
825	— — — — . . —	15	»
826	— — — — . . —	18	»
827	— — — — . . —	24	»
828	— — — — . . —	30	»

SACHETS ET BOITES DE PARFUMERIES

— SUITE —

Nos		fr.	c.
634	Cabas de 6 bouteilles Eau d'odeur.	18	»
682	Panier herbes assorti d'odeurs.	10	»
736	Boîte de 3 sachets odeur	4	50
843	Sachet papier Gellé frères, Parfums assortis	»	»

Sachets de satin assortis de forme et grandeur.

Sultanes pour gants et mouchoirs.

Sachets peau d'Espagne garnis de satin.

Boîtes de Parfumeries jusqu'à 90 francs.

EAUX DE COLOGNE

ET DE LAVANDE.

N°s		fr.	c.
194	Flacon plat capsulé, Encadrement, Eau de Cologne . .	10	»
199	— ½ cylindrique —	6	»
201	— plat G. F., Eau de Lavande ambrée.	18	»
202	— — Encadrem. capsulé, Eau de Lavande ambrée	10	»
203	— — G. F., Eau de Lavande ambrée.	36	»
204	— ½ topette — —	7	50
205	— pentagone — —	15	»
206	— plat G. F. — —	12	»
219	— épaulement, Eau de Cologne des Princes.	30	»
220	— carré, Eau de Cologne des Princes, petit modèle.	12	»
221	— épaulement — — moyen — .	15	»
222	— ¼ litre, cylindrique, bouché émeri, Eau de Cologne n° 18.	27	»
223	— ½ litre, cylindrique, bouche émeri, Eau de Cologne n° 18.	48	»
829	— litre, cylindrique, bouché émeri, Eau de Cologne n° 18.	72	»
224	— cylindrique, Eau de Cologne n° 18.	12	»
225	— gothique, — n° 12.	9	»
226	— urne — —	9	»
227	— carré plat — —	10	»
228	— hexagone — —	10	
229	— carré, Eau de Cologne éthérée	15	»
230	— — — —	12	»
231	— ½ hexagone — n° 18	6	»
232	½ bouteille, verre noir, Eau de Lavande ambrée. . . .	24	»
233	¼ — — — —	15	»
234	Flacon plat G F. — double	9	»
235	— — — — —	15	»
236	— — ovale — ambrée. . . .	18	»
237	½ topette Lavande double.	4	50
241	½ bouteille verre, Lavande double.	15	»
242	¼ — — — —	9	»
514	Flacon rond capsulé, Eau de Lavande, Fleur d'Écosse.	12	»
616	— carafon, Eau de Cologne n° 18 ou Lavande ambrée. .	12	»
617	Petite carafe — ordinaire.	3	»
618	½ carafon — n° 18 ou Lavande ambrée. .	6	»
641	Flacon moulure — — ou Lavande . . .	15	»

EAUX DE COLOGNE ET DE LAVANDE

Nos	— SUITE —	fr.	c.
643	Carafe long col, Eau de Lavande	15	»
686	Flacon ovale, bouché émeri, Eau de Cologne	15	»
687	— — ¼ litre, bouché émeri, Eau de Cologne. .	27	»
688	— — ½ — — — . .	48	»
689	— — litre, — — . .	72	»
700	— hexagone, Eau de Cologne extra-forte.	18	»
701	— guitare — nº 18	12	»
702	— Val d'Andorre — —	10	»
726	— écusson — —	7	50
748	— carré plat, Eau de Lavande anglaise.	18	»
752	— cylindrique, cristal, bouchon rond ou pincé, Eau de Cologne nº 18.	72	»
760	Carafe, 12 pans, Eau de Cologne ou Lavande	15	»
802	Flacon à pans, épaulement, Eau de Cologne des Princes, grand modèle, bouché émeri.	60	»
274	½ rouleau Eau de Cologne nº 18	6	»
275	Rouleau — 10	8	»
»	½ rouleau — —	4	50
276	Rouleau — 12	10	»
»	½ rouleau — —	5	50
277	Rouleau — 18	12	»
278	Double rouleau — —	18	»
»	— — 12	15	»
280	Double rouleau, régence, Eau de Cologne ordinaire. . .	1	50
281	— — — — . . .	1	75
282	— — — — . . .	2	»
283	— cannelé — — . . .	5	»
284	½ rouleau Eau de Cologne, nº 8	2	50
285	Rouleau — 7	6	»
»	½ rouleau — 7	3	50
803	Rouleau, verre blanc, Eau de Cologne des Princes, Empereur et Impératrice du Brésil.	12	»
840	Flacon verre cylindrique, épaulement, Eau de Cologne nº 18 ou Lavande ambrée.	18	»
841	Flacon verre, gourde, col à boule, Lavande ambrée. .	21	»

EXTRAITS D'ODEURS

Nos	POUR LE MOUCHOIR.	fr.	c.
299	Flacon cristal taillé à côtes, Extraits assortis.	33	»
300	— — — — — —	39	»
301	— — — — — —	54	»
302	— — — — — —	72	»
303	— verre, ½ once, coquille, Extraits assortis. . .	6	»
304	— — carré, pan coupé, bouché émeri, Ext. ass.	12	»
305	— cristal taillé à côtes, Extraits assortis.	15	»
306	— — — — — —	18	»
307	— — — — — —	24	»
308	— plat, G. F., 2 onces, bouché liége, Extraits ass.	15	»
309	— carré plat, bouché émeri, Extraits assortis, Extrait concentré	15	»
310	— plat G. F., 1 once, bouché liége, Extraits ass.	9	»
311	— rond, Ess. Bouquet, modèle angl..	24	»
312	— — 1 once, bouché émeri, Extraits assortis. .	12	»
313	— — 1 — ½ — — — . .	18	»
314	— — 2 — — — — . .	24	»
315	— cloche, gouttes aromatiques, — — . .	18	»
316	— poire, bouché émeri, Extraits assortis	15	»
317	— gourde, 1 once ½, — —	18	»
318	— rond sans épaulement — —	24	»
319	— rond, Ess. Bouquet, modèle anglais.	18	»
320	— carré, Bijou, Eau d'odeur.	4	50
321	— pentagone, —	2	50
322	— — —	3	50
323	— — —	4	50
468	— porcelaine fleur relief, Extrait d'odeurs	24	»
480	— — — — —	21	»
510	— cristal taillé, Médicis — —	24	»
»	Le même, verre moulé, Médicis, Eau d'odeurs.	12	»
511	Flacon cristal taillé à côtes, bouchon facettes.	36	»
512	— — — — — —	24	»
513	Carafe, bouchée liége, Extraits d'odeurs assortis. . . .	10	»
515	Flacon rond, 20 gr, — — —	9	»
516	— cristal taillé doré, à côtes, Extraits d'odeurs ass.	48	»
517	— turc, — — — — — —	48	»
518	— — — — — — —	33	»
519	— turc, — — — — — —	30	»

EXTRAITS D'ODEURS POUR LE MOUCHOIR

Nos	— SUITE —	fr.	c.
520	Flacon turc, taillé, doré, à côtes, Extraits d'odeurs ass.	42	»
521	— — — — — — —	24	»
526	— — opale décoré, — — —	24	»
543	— Étui, Parfum des jolies femmes de France, Extraits d'odeurs assortis	30	»
558	— ½ once, ovale, encadrement, Ext d'odeurs ass.	7	50
563	— 2 onces, bouché Boule, Essence violette des bois	24	»
564	— 1 once ½ — — — .	18	»
574	— ¼ once, bouché émeri, Extrait d'odeurs.	6	»
576	— gourde, cannelé, — —	15	»
595	— burette, — —	15	»
597	— verre ananas à pied — — 10 modèl.	12	»
598	— ovale encadrement, — —	6	»
601	— cristal, 1 once, carré fletté — —	18	»
602	— — 2 — — — —	27	»
603	— — 2 — ½ — — —	33	»
604	— — 3 — — — —	39	»
605	— — 4 — — — —	54	»
606	— — 6 — — — —	90	»
607	— verre Diamant, 1 once, Extrait d'odeurs.	12	»
608	— — pointillé, 1 — —	15	»
609	— cristal fletté, 8 — —	108	»
612	— — ananas, 1 — —	18	»
615	— oriental, —	18	»
616	— gourde, étoile dorée, bouché Boule, Ext. d'odeurs	36	»
621	— ananas doré, Extrait d'odeurs	27	»
622	— — opale, bouché tulipe vert, Extr d'odeurs	36	»
636	— cristal, vert ou bleu, forme médaillon, doré, Extrait d'odeurs.	36	»
645	— cristal taillé à facettes, bouché pincé, Ext. d'odrs.	21	»
830	— — — — — .	27	»
831	— — — — — .	33	»
832	— — — — — .	39	»
833	— — — — — .	48	»
834	— cylindrique à bague, Extrait d'odeurs concentré.	18	»
646	— Bambou, gorge or, — — .	27	»
647	— — ass. de couleurs, — — .	18	»
651	— pointillé, bouchon à côtes, — — .	15	»

EXTRAITS D'ODEURS POUR LE MOUCHOIR

Nos	— SUITE —	fr.	c.
652	Flacon verre, gourde, bouchon chinois, Extr. d'odeurs.	9	»
655	— et Étui, Extrait bouquet des Princes, avec portrait	30	»
659	— feuille, doré et décoré, Extrait d'odeurs. . . .	27	»
660	— marguerite, verre moulé.	18	»
596	— — — opale doré.	27	»
662	— carré cristal, à bourrelet, Extrait d'odeurs. .	18	»
663	— — — évidé, — — . .	18	»
666	— étoilé, doré, bouchon chinois, — — . .	27	»
667	— gourde, allongé, bouchon Boule, — . .	15	»
675	— verre vert ou bleu, Eau de Senteur.	15	»
676	— — — P. M. —	12	»
677	— gourde, étoilés or, P. M., Extrait d'odeurs. . .	27	»
678	— allongé à pied, Eau de Senteur.	12	»
679	— gourde, bouchon chinois, Eau de Senteur. . .	12	»
680	— feuilles, — — . . .	15	»
681	— moulé, à facettes, — — . . .	12	»
691	— gourde dorée, bouchon croissant, Extrait	30	»
693	— cristal à médaillon, —	18	»
697	— gourde, Extrait superfin, violette de Parme. . .	18	»
698	— — — — — G.M.	24	»
710	— verre, 1 ½, guitare, bouché émeri, Extrait. . .	15	»
711	— ½ cristal, petite carafe Madère, — . . .	21	»
712	— cristal octogone, à médaillon, — . . .	18	»
713	— — de cave, à côtes, — . . .	21	»
714	— gourde, 8 pans, à médaillon, — . . .	18	»
715	— Boule, petit pied, bouchon pointu, — . . .	18	»
716	— cristal losange, — . . .	18	»
717	— verre ananas, 2 onces, Eau de Senteur.	18	»
718	— — cocambo 2 — —	20	»
719	— cristal — 1 once ½, Extrait	21	»
722	— — cylindr. 2 — bouchon pincé	30	»
724	— — — décoré à fleurs —	24	»
725	— — conique à bourrelet, 2 onces.	24	»
737	— verre, gourde, bouché fleur de lis, Eau de Senteur.	12	»
738	Carafe, bouchon taillé, —	18	»
739	Flacon verre de couleur, Pomme de pin, —	15	»
740	— — gourde allongée, côte dorée, —	36	»
741	— — 1 once, goulot, bouchon Boule —	15	»

EXTRAITS D'ODEURS POUR LE MOUCHOIR

Nos	— SUITE —	fr.	c.
742	Flacon plat, col à Boule, Eau de Senteur.	6	»
750	— carré capsulé, angles rentrants, Extraits assort.	24	»
751	— cristal cylindrique, bouchon pincé, 150 gram. Extraits assortis	72	»
754	— cristal cylindrique, bouchon pincé, 30 grammes, Extraits assortis	18	»
761	— gourde, bouchon croissant, Extraits assortis. . .	9	»
804	— cristal, croix de Malte. — — . . .	18	»
846	— en Étui de carton, essence de rose	18	»

NOMENCLATURE DES ODEURS

EXTRAITS

FLEUR D'ACACIA.
AMARYLLIS.
AMBRE.
AMBROISIE.
AUBÉPINE.
AZALIA,
BANANIER.
BERGAMOTTE.
CAPRICE DE LA MODE.
CASSIE.
CÉDRAT.
CHÈVREFEUILLE.
CHYPRE.
CITRONELLE.
CLÉMATITE.
DUCHESSE.
ÉGLANTINE.
FLEUR D'AMANDIER.
— D'ÉCOSSE.
— D'ITALIE.
— D'ORANGER.
FRANGIPANE.
GARAFOLY.
GENÊT D'ESPAGNE.
GÉRANIUM ROSAT.
GIROFLÉE.
HÉLIOTROPE.
JACINTHE.
JASMIN D'ORIENT.
JONQUILLE.
LAVANDE.
LILAS.
LIS.
MAGNOLIA.
MARÉCHALE.
MIEL AMBRÉ.
MIEL D'ANGLETERRE.
MIGNARDISE.
MIGNONETTE.
MILLE FLEURS.
MOUSSELINE.
MUGUET.
MUSC.
NEW MOWN HAY.
OEILLET.
PARFUM DE LA COUR.
— DES PRINCES.
PATCHOULY.
POIS DE SENTEUR.
PORTUGAL.
PRÉS FLEURIS.
RÉSÉDA.
ROSE.
ROSE MUSQUÉE.
— THÉ.
SANTAL CITRIN.
SERINGA.
SPRING FLOWERS.
SUAVE.
SULTANE.
TUBÉREUSE.
VANILLE.
VERVEINE.
VÉTYVER.
VIOLETTE.
VIOLETTE DES BOIS.
VIOLETTE DE PARME.
— DE NICE.
VOLCAMERIA.
BOUQUET DU WEST END.
— DE WINDSOR.
— DE VICTORIA.
— DES ALLIÉS.
— D'ARABIE.
— DES DAMES.
— DE CAROLINE.
— DE CHANTILLY.
— D'ESTERHASY.
— D'EUGÉNIE.
— DES HESPÉRIDES.
— DE L'IMPÉRATRICE.
— DE L'EMPEREUR.
— DU JOCKEY CLUB.
— D'OLGA.
— DU PRINCE ALBERT.
— — DE GALLES.
— IMPÉRIAL.
— DU PRINTEMPS.
— DE LA REINE.
— DES SOUVERAINES.
— D'ALICE et GABRIELLE
ESS. BOUQUET.
FLEURS D'ITALIE.
ORANGE DE CHINE.
CUIR DE RUSSIE.
SIERRA MORENA.
FLEUR DE MAI.
VERVEINE DU CHILI.
PARFUM D'ORIENT.

NOMENCLATURE DES ODEURS

POMMADES ET HUILES

AMBRE.	ROSE BLANCHE.	MARÉCHALE.
AMBROISIE.	VIOLETTE DE PARME.	MIEL D'ANGLETERRE.
BERGAMOTTE.	— DES BOIS.	MILLE-FLEURS.
BOUQUET.	CASSIE.	MOUSSELINE.
— DE LA REINE.	CHÈVREFEUILLE.	MUGUET.
— DE L'EMPEREUR.	CHYPRE.	MUSC.
— DE L'IMPÉRATRICE.	DUCHESSE.	ŒILLET.
— DES DAMES.	ESS. BOUQUET.	RÉSÉDA.
FRANGIPANE.	FLEURS D'ITALIE.	VANILLE BLANCHE.
HÉLIOTROPE.	— D'ORANGER.	— BRUNE.
ORANGE DE CHINE.	GÉRANIUM ROSAT.	MOELLE DE BŒUF.
PORTUGAL.	JASMIN.	RÉGÉNÉRATEUR.
ROSE JAUNE.	TUBÉREUSE.	CITRON.
ROSE ROSE.	JONQUILLE.	AMARYLLIS.

NOMENCLATURE DES ESSENCES

AMANDES AMÈRES.

ASPIC.

BERGAMOTTE.

BIGARADE.

CANELLE DE CEYLAN.

— DE CHINE.

CARVI.

CÉDRAT.

CITRON.

CITRONELLE.

FENOUIL.

GÉRANIUM D'ORIENT.

GÉRANIUM ROSAT.

GIROFLE.

LAVANDE MITCHAM.

— AUX FLEURS.

MARJOLAINE.

MENTHE ANGLAISE.

— D'AMÉRIQUE.

— POIVRÉE.

— SAUVAGE.

NÉROLY.

PATCHOULY.

PETIT-GRAIN.

PORTUGAL.

ROMARIN.

ROSE DE PARIS.

— DE L'INDE.

SANTAL.

SANTAL-CITRIN.

SASSAFRAS.

THYM BLANC.

— ROUGE.

VERVEINE.

VÉTYVER.

WINTER GREEN.

ARTICLES DIVERS

EN GROS.

		fr.	c.
POMMADE ordinaire, rose, jaune et grise.	le kilo.	3	50
— demi-fine, toutes odeurs.	—	7	»
— fine, —	—	9	»
— surfine, —	—	12	»
— extrafine, —	—	16	»
Extrait de Pommades aux fleurs, toutes odeurs	—	24	»
— — Violette et Réséda.	—	30	»
HUILE demi-fine, toutes odeurs.	le kilo.	7	»
— fine, —	—	9	»
— surfine, —	—	12	»
— extrafine, —	—	16	»
Extrait d'Huile aux fleurs, toutes odeurs	—	24	»
— violette et réséda.	—	30	»
EXTRAITS pour le mouchoir, extrafin concentré, toutes od.	le kilo.	30	»
— — fin, n° 1, —	—	24	»
— — demi-fin, n° 2, —	—	18	»
Eau de Senteur, toutes odeurs.	—	8	»
EAUX DE COLOGNE extraforte, n° 24	le litre.	8	»
— forte, n° 18.	—	6	»
— — n° 12.	—	5	»
— — n° 10.	—	4	»
— — n° 8.	—	3	»
— — n° 7.	—	2	50
EAUX DE LAVANDE royale ambrée	le litre.	8	»
— fine — n° 1	—	6	»
— — — n° 2	—	4	»

ARTICLES DIVERS EN GROS

— SUITE —

	fr.	c.
EAUX DE LAVANDE double n° 1 . . . . —	4	»
— — n° 2 . . . . —	3	»
VINAIGRE DE TOILETTE hygiénique. . . . . le litre.	6	»
— — cosmétique. . . . . —	6	»
— — camphré. . . . . —	6	»
EAUX ATHÉNIENNE ET ROMAINE. Surfine, toutes odeurs, le litre.	6	»
— — Fine, au Portugal. . . . —	4	»
LOTION VÉGÉTALE aux jaunes d'œufs . . . . —	8	»
EAUX DE TOILETTE. Esprits de Toilette, toutes odeurs, le litre.	6	»
EAUX ET ÉLIXIRS DENTIFRICES.		
EAU DE BOTOT . . . . le litre.	8	»
ÉLIXIR DE ROSES . . . . —	8	»
ESPRIT DE MENTHE ANGLAISE. . . . . —	6	»
— DE RATANHIA . . . . —	6	»
EAU DENTIFRICE HYGIÉNIQUE . . . . —	6	»
EAUX DE FLEURS D'ORANGERS ET DE ROSES.		
QUADRUPLE SUPÉRIEURE. . . . . l'estagnon de 24 litres.	48	»
— — . . . . le litre.	3	»
TRIPLE — . . . . l'estagnon de 24 litres.	36	»
— — . . . . —	2	»

ARTICLES DIVERS EN GROS

— SUITE —

Article		fr.	c.
BANDOLINES blanche, rose, grise, parfumées à la rose, au Portugal et aux Amandes.	le litre.	3	»
LAIT de Concombres, pour la peau	le kilo.	16	»
— de Roses, —	—	16	»
— Virginal, —	—	8	»
— Végétal, aux boutons de roses.	—	16	»
COLD-CREAM, pour le teint.	le kilo.	12	»
CRÈME de Limaçons, —	—	12	»
— de Perse, —	—	9	»
— de Concombres, —	—	6	»
POUDRES A SACHETS.			
Musc, Ambre, Chypre.	le kilo.	60	»
Ess. bouquet, Miel d'Angleterre, Bouquet Impératrice, Rose, Violette, Réséda	—	36	»
Œillet, Maréchale, Mousseline, Mille-Fleurs, Bouquet, Vanille, Héliotrope, Fleur d'Oranger, Vétyver, Patchouly, Ambroisie, etc., etc.	—	24	»
Patchouly en feuilles	—	12	»
Vétyver de l'Inde, en feuilles.	—	6	»
PASTILLES FUMANTES.	le kilo.	24	»

ARTICLES DIVERS EN GROS

— SUITE —

		fr.	c.
POUDRE D'IRIS de Florence.	le kilo.	6	»
— **DE RIZ**, surfine, nº 1.	—	6	»
— — fine fleur, nº 2.	—	4	»
— — — nº 3.	—	2	»
— **A POUDRER**.	—	1	20
— — ordinaire	—	»	70
PATES D'AMANDES. Blanche, amère.	le kilo.	3	60
— — douce.	—	2	40
— bise, amère.	—	1	50
— au miel.	—	6	»
SAVONS EN BRIQUES. Blanc parfumé. . le kilo, suivant le cours.			
— Jaune — . . — —			
— — à l'huile de palme, le kilo, —			
CRÈMES DE SAVON amandes amères, pour la barbe. . .	le kilo.	12	»
— suc de laitue, — . . .	—	12	»
— à la rose, — . . .	—	12	»
— ambroisie, — . . .	—	12	»
— avelines, — . . .	—	12	»
— pistaches, — . . .	—	12	»
— de Naples, — . . .	—	12	»
POUDRES DE SAVON pour la barbe, assorties d'odeurs,	le kilo.	8	»
— — à la rose.	—	12	»
— — au Windsor. . . .	—	6	»
ESSENCES TOUTES ODEURS, suivant le cours.			

QUINCAILLERIE et BROSSERIE.

ARTICLES DE PARIS.

Limes, Ciseaux, Fers à friser, Pinces, Tire-Boutons, etc.;
Papier à papillotes, Calottes en papier brouillard, Cure-dents,
Cure-oreilles, Cure-ongles, Tortillons,
Épingles à cheveux, Épingles anglaises, — Trousses de Coiffeur,
Nécessaires de Toilette, Éponges fines,
Sacs à éponges, Coiffes de bains, Sacs à savons,
etc., etc., etc.

BROSSES A TÊTE, formes variées, citron, palissandre, acajou.
— **A HABITS,** — — — —
— **A CHAPEAUX,** — — — —
— **A DENTS,** ivoire, buffle, os, etc.
— **A ONGLES,** — — —
— **A BARBE** (Blaireaux), ivoire, buffle et bois des îles.
— **A FAVORIS,** ivoire, buffle, os, bois des îles.
— **A PEIGNES,** — — —
DÉCRASSOIRS A PEIGNES, — —

PEIGNES DÉMÊLOIR, écaille, ivoire, buffle, corne.
— **A DÉCRASSER,** — — — — buis.
— **A CHIGNON,** — buffle, corne.
— **A LISSER,** — — —
— **A FAVORIS,** — — —
— **A PAPILLOTES,** écaille, buffle, corne.

MIROIRS ASSORTIS. — CUIRS A RASOIRS.

TABLE DES MATIÈRES

Paris. — Imprimerie de Wittersheim, rue Montmorency, 8.

MAISON FONDÉE EN 1826

GELLÉ FRÈRES

PARFUMEURS

LECARON FILS, Successeurs

6, Avenue de l'Opéra, 6

PARIS

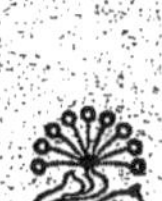

USINES A LEVALLOIS-PERRET (Seine)

134, 136, 138, Rue Gravel

OCTOBRE 1925

AVIS

Sans engagement de Prix, ni de date de Livraison.

Pour éviter les contrefaçons dont nos produits sont souvent l'objet en France et surtout à l'Étranger, nous engageons à ne reconnaître comme provenant de notre maison que les produits revêtus de la marque de notre fabrique ou de la signature ci-contre.

Adr. Tél. : LECARONFIS-PARIS
Téléphone : CENTRAL 37-56

Compte Chèques Postaux : Paris Saint-Roch N° 23.393
R. C. Seine N° 86.618

Codes Used { A.B.C. 5e édition
BENTLEY

RIX OURANT

AVIS TRÈS IMPORTANT

Les droits de consommation et d'octroi sont à la charge des clients.

EAU de SENTEUR	DEGRÉ	ALCOOL PUR	DROITS de consommation par douzaine	Nos	DÉSIGNATION	PRIX DE GROS à la douzaine	PRIX MINIMA de détail à la pièce
					Parfumerie " Ce que Femme Veut ".		
0.75	86	0.65	7.48	601	CE QUE FEMME VEUT. *Essence* .. .. Grand modèle de luxe ..	384. »	54. »
0.48	»	0.42	4.83	613	— — .. Petit modèle ..	165. »	23.75
2.40	70	1.68	19.32	602	— *Lotion* .. .. Grand modèle ..	188. »	28.75
1.92	»	1.35	15.53	615	— — .. .. .. Petit modèle ..	102. »	16.75
2.40	»	1.68	19.32	603	— *Eau de toilette* .. Grand modèle ..	186. »	28.75
1.92	»	1.35	15.53	616	— — .. Petit modèle ..	102. »	16.75
				614	— *Poudre de riz*	45. »	6.50
				605	— *Savon* .. .. .. Carton de 3 ..	39. »	5.50
				607	— *Brillantine cristallisée*	57. »	8.25
				608	— — *diaphane*	48. »	7. »
				170	— *Poudre de talc*	54. »	7.75
					Parfumerie " Pour être Aimée ".		
0.84	86	0.73	8.40	1885	POUR ÊTRE AIMÉE. *Quintessence* .. .. Grand modèle de luxe ..	552. »	78. »
0.48	»	0.42	4.83	1899	— — .. Petit modèle ..	165. »	23.75
3.00	70	2.10	24.15	1886	— *Lotion* .. .. .. Grand modèle ..	177. »	28.25
1.92	»	1.35	15.53	1907	— — .. .. .. Petit modèle ..	102. »	16.75
3.00	»	2.10	24.15	1887	— *Eau de toilette* .. .. Grand modèle ..	177. »	28.25
1.92	»	1.35	15.53	1908	— — .. .. .. Petit modèle ..	102. »	16.75
				1900	— *Poudre de riz*	45. »	6.50
				1889	— *Savon* .. .. .. Carton de 3 ..	39. »	5.50
				1890	— *Brillantine cristallisée*	57. »	8.25
				1891	— — *diaphane*	48. »	7. »
				1892	— *Sachet corsage*	51. »	7.25
				170	— *Poudre de talc*	54. »	7.75
					Parfumerie " Agmoré ".		
0.60	86	0.52	5.98	808	AGMORÉ. *Essence* .. .. .. Grand modèle ..	276. »	39.50
0.42	»	0.37	4.26	815	— — .. Petit modèle ..	162. »	23.50
1.92	70	1.35	15.53	834	— *Lotion*	90. »	14.75
1.92	»	1.35	15.53	835	— *Eau de toilette*	90. »	14.75
				816	— *Poudre de riz*	45. »	6.50
				812	— *Savon* .. .. .. Carton de 3 ..	39. »	5.50
				813	— *Brillantine cristallisée*	57. »	8.25
				814	— — *diaphane*	48. »	7. »
					Parfumerie " Perlys ".		
0.48	86	0.42	4.83	818	PERLYS. *Essence*	138. »	20. »
2.04	70	1.43	16.45	819	— *Lotion*	68. »	11.25
2.04	»	1.43	16.45	820	— *Eau de toilette*	87. »	14.50
				821	— *Poudre de riz*	42. »	6.25
				822	— *Savon* .. .. .. Carton de 3 ..	24. »	3. »

EAU de SENTEUR	DEGRÉ	ALCOOL PUR	DROITS de consommation par douzaine	N°s	DÉSIGNATION	PRIX DE GROS à la douzaine	PRIX MINIMA de détail à la pièce
					Parfumerie " Perlys " (*Suite*).		
				823	PERLYS.. *Brillantine cristallisée.*	57. »	8.25
				824	— — *diaphane*	45. »	6.50
				825	— *Papier poudre*	16.20	2.25
				170	— *Poudre de talc*	54. »	7.75
					Parfumerie " Nythis ".		
0.48	86	0.42	4.83	845	NYTHIS.. *Essence*	114. »	17. »
1.80	70	1.26	14.49	846	— *Lotion*	57. »	10. »
				847	— *Poudre de riz*	36. »	5.25
				848	— *Savon* .. Carton de 3	24. »	3. »
				849	— *Fluide brillantine*	30. »	4.25
12.00	80	9.60	110.40	841	— *Eau de Cologne* .. 1 *litre*	198. »	41.25
6.00	»	4.80	55.20	840	— — 1/2 —	118.80	23.25
3.00	»	2.40	27.60	839	— — 1/4 —	72. »	13.50
1.50	»	1.20	13.80	838	— — 1/8 —	43.80	8. »
0.75	»	0.60	6.90	837	— — 1/16 —	29.40	5. »
12.00	»	9.60	110.40	841 *bis*	— — 1 —	207. »	43. »
6.00	»	4.80	55.20	840 *bis*	— — 1/2 —	132. »	24.25
3.00	»	2.40	27.60	839 *bis*	— — 1/4 —	78.60	14.25
1.50	»	1.20	13.80	838 *bis*	— — 1/8 —	48.60	8.50
0.75	»	0.60	6.90	837 *bis*	— — 1/16 —	34.20	5.50
					Parfumerie " Séduction ".		
0.54	86	0.47	5.41	1712	SÉDUCTION.. *Essence*	96. »	14.25
1.92	70	1.35	15.53	1714	— *Lotion*	63. »	11. »
1.92	»	1.35	15.53	1716	— *Eau de toilette*	90. »	15. »
				1717	— *Poudre de riz*	42. »	6.25
				1718	— *Savon* .. Carton de 3	24. »	3. »
12.00	75	9.00	103.50	1721	— *Eau de Cologne* .. 1 *litre.*	270. »	50. »
6.00	»	4.50	51.75	1720	— — 1/2 —	162. »	28.50
3.00	»	2.25	25.88	1753	— — 1/4 —	102. »	17.25
1.50	»	1.13	13. »	1752	— — 1/8 —	67.80	11.25
				1812	— *Brillantine cristallisée*	57. »	8.25
				1813	— — *diaphane*	45. »	6.50
				1746	— *Eau de beauté*	72. »	10.50
				1723	— *Crème de beauté*	42. »	6.25
					Parfumerie " Originale ".		
0.42	86	0.37	4.26	484	ORIGINALE.. *Essence assortie de parfums*	96. »	14.25
1.80	70	1.26	14.49	485	— *Lotion* — —	60. »	10.50
				486	— *Poudre de riz assortie d'odeurs et de couleurs*	42. »	6.25
				487	— *Fluide brillantine* —	30. »	4.25
0.75	25	0.19	2.19	488	— *Brillantine* —	30. »	4.50
				489	— *Savon* — . Carton de 3	24. »	3. »
					Parfums recommandés.		
0.66	86	0.57	6.55	186	SUPRÊME.. *Essence assortie de parfums* .. Grand modèle de luxe	354. »	50. »
0.48	»	0.42	4.83	185	— — — — .Petit modèle	162. »	23.50
0.36	»	0.31	3.57	188	RARE .. — — —	120. »	17.50
					Parfumerie spéciale à la glycérine.		
				3016	PATE DENTIFRICE.. *A la glycérine* Boite porcelaine .Grand modèle	36. »	5.25
				3007	— — — — — ..Petit modèle	24. »	3. »

EAU de SENTEUR	DEGRÉ	ALCOOL PUR	DROITS de Consommation par douzaine	N°s	DÉSIGNATION	PRIX DE GROS à la douzaine	PRIX MINIMA de détail à la pièce
					Parfumerie spéciale à la glycérine *(Suite)*.		
				3019	PATE DENTIFRICE.. *A la glycérine* Boite verre plate	24. »	3. »
				3020	— — — Tube décoré .. Grand modèle ..	24. »	3. »
				3023	— — — — — .. .. Petit modèle ..	18. »	2.25
				142	SAVON — — Boite rectangulaire en porcelaine ..	28. »	4. »
				140	— — — — — en aluminium ..	22.80	3. »
				201	— — — — — en carton	18.60	2.40
				138	— — — Boite ronde en aluminium..	19.80	2.50
				139	— — — Boite ronde en carton..	16.20	2.
1.20	80	0.96	11.04	3018	EAU — — - .. .. Grand modèle ..	51. »	8.75
0.78	»	0.63	7.24	3017	— — — .. .. Petit modèle ..	39. »	6.50
				3008	SAVON *à la glycérine*..	20. »	2.50
				3021	SHAVING STICK *à la glycérine* .. étui métal.	21. »	2.75
				3021 *ter*	— — .. modèle de rechange	16.80	2.10
1.32	66	0.88	10.12	3001	EAU DE TOILETTE —	39. »	7. »
1.80	75	1.35	15.53	3015	LOTION —	48. »	9. »
				3005	CRÈME *de glycérine*. .. .. en pot	48. »	6.75
				3022	— — .. .. en tube	33. »	4.75
				3012	GLYCÉRINE *pure*..	27. »	3.75
					Essences spécialités.		
0.75	86	0.65	7.48	601	CE QUE FEMME VEUT *Essence* .. .. .. Grand modèle de luxe ..	384. »	54. »
0.48	»	0.42	4.83	613	— — .. ..Petit modèle ..	165. »	23.75
0.84	»	0.73	8.40	1885	POUR ÊTRE AIMÉE.. .. — .. .. .. Grand modele de luxe ..	552. »	78. »
0.48	»	0.42	4.83	1899	— .. .. — .. ..Petit modèle ..	165. »	23.75
0.60	»	0.52	5.98	808	AGMORÉ .. .. — .. .. Grand modèle ..	276. »	39.50
0.42	»	0.37	4.26	815	— .. .. — .. ..Petit modèle ..	162. »	23.50
0.60	»	0.52	5.98	970	CAPRICE DE FLEURS .. — .. .. .. Grand modèle de luxe ..	504. »	71. »
0.48	»	0.42	4.83	969	— .. — .. ..Petit modèle ..	234. »	33.50
0.66	»	0.57	6.55	114	NACRÉOR .. .. — .. .. Grand modèle ..	396. »	56.50
0.48	»	0.42	4.83	113	— .. .. — .. ..Petit modèle ..	165. »	23.75
0.48	»	0.42	4.83	818	PERLYS.. .. .. —	138. »	20. »
0.48	»	0.42	4.83	845	NYTHIS.. .. .. —	114. »	17. »
0.54	»	0.47	5.41	1712	SÉDUCTION .. .. —	96. »	14.25
0.60	»	0.52	5.98	595	SÉSOSTRIS.. .. .. .. —	87. »	13.50
0.48	»	0.42	4.83	145	ISAIT.. .. .. —	66. »	10.25
0.66	»	0.57	6.55	708	BENTEN. .. .. —	66. »	10. »
0.66	»	0.57	6.55	1396	THE MIKADO.. .. .. .. —	66. »	10. »
0.66	»	0.57	6.55	572	THE MISTLETOE. .. .. —	63. »	9.50
0.66	»	0.57	6.55	1922	LIBERTE .. .. —	60. »	9.50
0.54	»	0.47	5.41	192	YASMINE .. .. —	66. »	10. »
0.12	»	0.11	1.27	623	ESSENCE POUR LE SAC *Ce que Femme Veut, Caprice de fleurs, Pour être Aimée, Agmoré, Nacréor, série Rare*..	57. »	8. »
0.12	»	0.11	1.27	624	— — — *Perlys, Nythis, série Originale*	48. »	7. »
					Essences assorties.		
0.66	86	0.57	6.55	186	ESSENCE SUPRÊME.. *Assortie de parfums*.. .. .. Grand modèle ..	354. »	50. »
0.48	»	0.42	4.83	185	— — — .. ..Petit modèle ..	162. »	23.50
0.36	»	0.31	3.57	188	— RARE .. .. —	120. »	17.50
0.42	»	0.37	4.26	484	— ORIGINALE. —	96. »	14.25
0.24	»	0.21	2.42	468	ESSENCE *Assortie de parfums*	57. »	8.50
0.24	»	0.21	2.42	470	— —	45. »	6.75
0.60	»	0.52	5.98	198	— —	84. »	12.50
0.36	»	0.31	3.57	240	— —	57. »	8.50
0.20	»	0.18	2.07	316	— —	48. »	7. »
0.20	»	0.18	2.07	315	— —	39. »	5.75
0.30	»	0.26	2.99	1622	— —	43.20	6.50
0.20	»	0.18	2.07	1621	— —	36. »	5.50
0.18	»	0.16	1.84	205	— —	27. »	4. »

EAU de SENTEUR	DEGRÉ	ALCOOL PUR	DROITS de consommation par douzaine	Nos	DÉSIGNATION	PRIX DE GROS	PRIX MINIMA de détail à la pièce
					Parfumeries spéciales en coffret.	à la pièce	
0.08	86	0.07	0.81	2031	ÉCRIN RICHE. *Peau tachée* contenant 2 flacons : *Ce que Femme Veut, Pour être Aimée, Perlys, ou Suprême*	56. »	
0.08	»	0.07	0.81	2032	— — *Peau rouge* — — — —	48. »	
0.09	»	0.08	0.92	2033	— — *Peau tachée* contenant 3 flacons : *Essence série Rare* ..	65. »	
0.09	»	0.08	0.92	2034	— — *Peau rouge* — 3 — —	56. »	
0.04	»	0.04	0.47	2020	— — En toile, *Agmoré, Pour être Aimée*...	46. »	
0.04	»	0.04	0.47	2021	— — — *Ce que Femme Veut*	46. »	
0.04	»	0.04	0.47	2022	— — — *Perlys*.	46. »	
					Eaux de Cologne.	à la douzaine	
12.00	90	10.80	124.20	1432	EAU DE COLOGNE. *Régina*. .. .. *1 litre*.	450. »	76.50
6.00	»	5.40	62 10	1431	— — .. .. *1/2* —	264. »	43. »
3.00	»	2.70	31.05	1430	— — .. .. *1/4* —	156. »	25. »
1.50	»	1.35	15.53	1429	— — .. .. *1/8* —	99. »	16. »
12.00	75	9.00	103.50	1721	— *Séduction* .. .. *1* —	270. »	50. »
6.00	»	4.50	51.75	1720	— — .. .. *1/2* —	162. »	28.50
3.00	»	2.25	25.88	1753	— — .. .. *1/4* —	102. »	17.25
1.50	»	1.13	13. »	1752	— — .. .. *1/8* —	67.80	11.25
3.00	80	2.40	27.60	1352	— *Extra-forte* .. .. *G. M.*	99. »	18. »
1.56	»	1.20	13.80	1351	— — .. .. *P. M.*	66. »	11.50
12.00	»	9.60	110.40	841	— *Nythis*.. .. .. *1 litre*.	198. »	41.25
6.00	»	4.80	55.20	840	— — .. .. *1/2* —	118.80	23.25
3.00	»	2.40	27.60	839	— — .. .. *1/4* —	72. »	13.50
1.50	»	1.20	13.80	838	— — .. .. *1/8* —	43.80	8. »
0.75	»	0.60	6.90	837	— — .. .. *1/16* —	29.40	5. »
12.00	»	9.60	110.40	841 *bis*	— — .. .. *1* —	207. »	43. »
6.00	»	4.80	55.20	840 *bis*	— — .. .. *1/2* —	127.80	24.25
3.00	»	2.40	27.60	839 *bis*	— — .. .. *1/4* —	78.60	14.25
1.50	»	1.20	13.80	838 *bis*	— — .. .. *1/8* —	48.60	8.50
0.75	»	0.60	6.90	837 *bis*	— — .. .. *1/16* —	34.20	5.50
12.00	70	8.40	96.60	310	— *Ambrée*.. .. .. *1 litre*.	180. »	36.75
6.00	»	4.20	48.30	309	— — .. .. *1/2* —	111. »	21.50
3.00	»	2.10	24.15	308	— — .. .. *1/4* —	64.80	12. »
1.50	»	1.05	12.08	307	— — .. .. *1/8* —	39. »	7.25
0.75	»	0.53	6.10	306	— — .. .. *1/16* —	25.80	4.50
12.00	»	8.40	96.60	310 *bis*	— — .. .. *1* —	189. »	37.75
6.00	»	4.20	48.30	309 *bis*	— — .. .. *1/2* —	120. »	22.25
3.00	»	2.10	24.15	308 *bis*	— — .. .. *1/4* —	69.60	12.50
1.50	»	1.05	12.08	307 *bis*	— — .. .. *1/8* —	43.80	7.75
0.70	»	0.53	6.10	306 *bis*	— — .. .. *1/16* —	30.60	5. »
12.00	»	8.40	96.60	1760	— *La Renommée*.. .. .. *1 litre*.	198. »	39. »
6.00	»	4.20	48.30	1802	— — .. .. *1/2* —	117. »	21.75
3.00	»	2.10	24.15	1894	— — .. .. *1/4* —	66. »	12.50
1.50	»	1.05	12.08	1898	— — .. .. *1/8* —	37.80	7. »
12.00	65	7.80	89.70	248	— *La Rayonnante*. .. .. *1 litre*.	126. »	29. »
6.00	»	3.90	44.85	247	— — .. .. *1/2* —	78. »	16.25
3.00	»	1.95	22.43	246	— — .. .. *1/4* —	50.40	10. »
1.50	»	0.98	11.27	245	— — .. .. *1/8* —	30. »	5.75
0.75	»	0.47	5.41	244	— — .. .. *1/16 litre*.	19.20	3.50
12.00	50	6.00	69.00	783	— *L'Indispensable* .. .. *1* —	90. »	19.50
6.00	»	3.00	34.50	782	— — .. .. *1/2* —	57. »	12.50
3.00	»	1.50	17.25	781	— — .. .. *1/4* —	39. »	7.50
1.50	»	0.75	8.63	780	— — .. .. *1/8* —	26.40	4.75
0.72	»	0.36	4.14	778	— — .. .. *1/16* —	16.80	3. »
1.56	75	1.17	13.46	899	— *Des Princes*	39. »	7.25
0.78	»	0.59	6.78	1122	— —	24. »	4.50
1.38	»	1.04	11.87	1095	— *Supérieure*	36. »	6.75
0.66	»	0.50	5.75	1096	— —	22.80	4. »
0.60	»	0.45	5.18	234	— *Des Princes*	33. »	5.25
1.02	»	0.77	8.86	275	— —	39. »	6.75
1.02	60	0.62	7.13	453	— *Aux Fleurs*	33. »	5.75

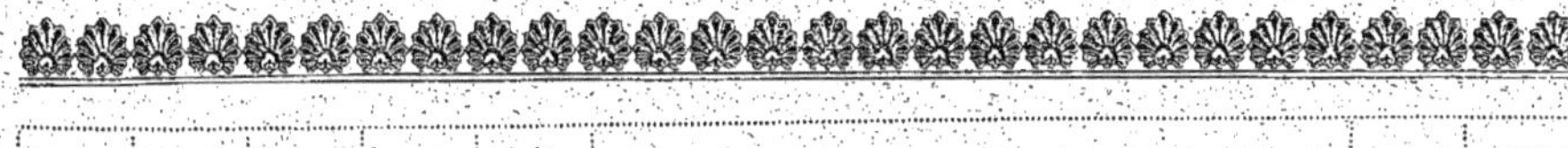

EAU de SENTEUR	DEGRÉ	ALCOOL PUR	DROITS de consommation	N^{os}	DÉSIGNATION	PRIX DE GROS	PRIX MINIMA de détail à la pièce
			à la pièce		**Eaux de Cologne** *(Litres et demi-litres).*	à la pièce	
1.00	90	0.90	10.35	24	EAU DE COLOGNE. *Extra-fine* .. .. 1 litre.	25. »	56. »
0.50	»	0.45	5.18	24	— — .. .. 1/2 —	13.75	30.50
1.00	80	0.80	9.20	18	— *Triple rectifiée* .. .. 1 —	18. »	44. »
0.50	»	0.40	4.60	18	— — .. .. 1/2 —	10.25	24.25
1.00	75	0.75	8.63	12	— *Surfine* .. .. 1 —	16. »	40. »
0.50	»	0.38	4.37	12	— — .. .. 1/2 —	9.25	22.25
1.00	70	0.70	8.05	11	— *Ambrée* .. .. 1 —	13. »	33.50
0.50	»	0.35	4.03	11	— — .. .. 1/2 —	7.75	18.75
1.00	75	0.75	8.63	10	— *Double rectifiée* .. .. 1 —	13.50	35. »
0.50	»	0.38	4.37	10	— — .. .. 1/2 —	8.25	20. »
1.00	70	0.70	8.05	8	— — .. .. 1 —	12.50	33. »
0.50	»	0.35	4.03	8	— — .. .. 1/2 —	7.75	18.75
1.00	66	0.66	7.59	7	— — .. .. 1 —	10.75	29. »
0.50	»	0.33	3.80	7	— — .. .. 1/2 —	6.75	16.75
0.25	»	0.17	1.96	7	— — .. .. 1/4 —	4.25	10.75
1.00	60	0.60	6.90	6	— — .. .. 1 —	10.50	28. »
0.50	»	0.30	3.45	6	— — .. .. 1/2 —	6.50	15.75
0.25	»	0.15	1.73	6	— — .. .. 1/4 —	4.15	9.25
1.00	60	0.60	6.90	1	— *Aux Fleurs* .. .. 1 —	11. »	29. »
0.50	»	0.30	3.45	1	— — .. .. 1/2 —	6.75	16.25
1.00	»	0.60	6.90	3	— *Surfine* .. .. 1 —	10.50	28. »
0.50	»	0.30	3.45	3	— — .. .. 1/2 —	6.50	15.75
0.25	»	0.15	1.73	3	— — .. .. 1/4 —	4.15	9.25
1.00	50	0.50	5.75	4	— *Fine* .. .. 1 —	9. »	20. »
0.50	»	0.25	2.88	4	— — .. .. 1/2 —	5.75	13.75
0.25	»	0.13	1.50	4	— — .. .. 1/4 —	3.90	8.50
			à la douzaine		**Eaux de Lavande.**	à la douzaine	
12.00	65	7.80	89.70	1661	EAU DE LAVANDE. *La Renommée* .. .. 1 litre.	177. »	34.50
6.00	»	3.90	44.85	1660	— — .. .. 1/2 —	108. »	20.25
3.00	»	1.95	22.43	1659	— — .. .. 1/4 —	60. »	11. »
1.56	70	1.10	12.65	940	— *Ambrée*	42. »	7.75
0.78	»	0.55	6.32	1123	— —	27. »	4.75
			à la pièce		**Eaux de Lavande** *(Litres et demi-litres).*	à la pièce	
1.00	70	0.70	8.05	1	EAU DE LAVANDE .. .. *Ambrée supérieure* .. .. .. 1 litre.	17. »	40. »
0.50	»	0.35	4.03	1	— — .. .. 1/2 —	9.75	22.25
1.00	»	0.70	8.05	2	— *Anglaise* .. .. 1 —	16. »	38.50
0.50	»	0.35	4.03	2	— — .. .. 1/2 litre.	9.25	21.25
1.00	60	0.60	6.90	3	— *Ambrée* .. .. 1 —	12. »	30. »
0.50	»	0.30	3.45	3	— — .. .. 1/2 —	7.25	17. »
1.00	65	0.65	7.48	4	— *Blanche double* .. .. 1 —	13.50	33.50
0.50	»	0.33	3.80	4	— — .. .. 1/2 —	8. »	18.75
1.00	»	0.65	7.48	5	ALCOOL DE LAVANDE. *Blanche* .. .. 1 —	13.50	33.50
0.50	»	0.33	3.80	5	— — .. .. 1/2 —	8. »	18.75
1.00	50	0.50	5.75	6	EAU DE LAVANDE .. .. — .. .. 1 —	10. »	27. »
0.50	»	0.25	2.88	6	— .. .. — .. .. 1/2 —	6.25	14. »
			à la douzaine		**Eaux de Toilette.**	à la douzaine	
2.40	70	1.68	19.32	603	EAU DE TOILETTE.. *Ce que Femme Veut* .. .. Grand modèle ..	186. »	28.75
1.92	»	1.35	15.53	616	— — .. .. .. Petit modèle ..	102. »	16.75
3.00	»	2.10	24.15	1887	— *Pour être Aimée* .. .. .. Grand modèle ..	177. »	28.25
1.92	»	1.35	15.53	1908	— — .. .. .. Petit modèle ..	102. »	16.75
1.92	»	1.35	15.53	835	— *Agmoré*	90. »	14.75
2.04	»	1.43	16.45	820	— *Perlys*	87. »	15. »
1.92	»	1.35	15.53	1716	— *Séduction*	90. »	15. »
1.80	»	1.26	14.49	597	— *Sésostris*	66. »	11.25

EAU de SENTEUR	DEGRÉ	ALCOOL PUR	DROITS de consommation	N°s	DÉSIGNATION	PRIX DE GROS	PRIX MINIMA de détail à la pièce
			à la douzaine		**Eaux de Toilette** *(Suite).*	à la douzaine	
1.32	66	0.88	10.12	3081	EAU DE TOILETTE. *A la glycérine*	39. »	7. »
1.20	70	0.84	9.66	1390	— *Assortie.*	36. »	6.50
1.08	80	0.87	10. »	1226	— *Gellé Frères*	42. »	7.25
1.56	70	1.10	12.65	1307	— *Assortie.*	39. »	7.25
0.78	»	0.55	6.32	1309	— —	24. »	4.25
					Vinaigres de Toilette.		
1.56	70	1.10	12.65	895	*Vinaigre de Framboise à la Violette*	42. »	7.75
0.78	»	0.55	6.32	1124	— *à la Violette*	24. »	4.25
			à la pièce		**Eaux de Toilette** *(Litres et demi-litres).*	à la pièce	
1.00	80	0.80	9.20	15	EAU DE TOILETTE .. *Gellé Frères* 1 litre.	19. »	45. »
0.50	»	0.40	4.60	15	— — 1/2 —	10.75	24. »
1.00	66	0.66	7.59	16	— *A la glycérine* 1 —	17. »	39. »
0 50	»	0.33	3.80	16	— — 1/2 —	9.75	21.75
1.00	70	0.70	8.05	1	— *Supérieure, assortie de parfums* 1 —	15. »	36.75
0.50	»	0.35	4.03	1	— — — 1/2 —	8.75	20.50
					Vinaigres de Toilette *(Litres et demi-litres).*		
1.00	70	0.70	8.05	17	*Vinaigre de Framboise à la Violette* 1 litre.	16. »	37.50
0.50	»	0.35	4.03	17	— 1/2 —	9.25	20.75
			à la douzaine		**Lotions pour la Chevelure.**	à la douzaine	
2.40	70	1.68	19.32	602	LOTION. *Ce que Femme Veut* Grand modèle	186. »	28.75
1.92	»	1.35	15.53	615	— — Petit modèle	102 »	16.75
1.68	»	1.68	19.32	971	— *Lotion Caprice de fleurs* Grand modèle	150. »	23.75
1.35	»	1.35	15.53	973	— — Petit modèle	102. »	16.75
3.00	»	2.10	24.15	1886	— *Pour être Aimée* Grand modèle	177. »	28.25
1.92	»	1.35	15.53	1907	— — Petit modèle	102. »	16.75
1.92	»	1.35	15.53	834	— *Agmoré*	90. »	14.75
1.92	»	1.35	15.53	217	— *Suprême*	75. »	12.50
1.92	»	1.26	15.53	191	— *Rare*	75. »	12.50
2.04	»	1.43	16.45	819	— *Perlys*	63. »	11.25
1 80	»	1.26	14.49	846	— *Nythis*	57. »	10. »
1.92	»	1.35	15.53	116	— *Nacréor*	102. »	16.75
1.92	»	1 35	15.53	1714	— *Séduction*	63. »	11. »
3.00	»	2.10	24.15	301	— *Santal*	114. »	19.50
1.92	»	1.35	15.53	485	— *Originale, assortie d'odeurs.*	60. »	10.50
3.60	»	2.52	28.98	874	— *Violettes Russes* Grand modèle	108. »	19.25
1.80	»	1.26	14.49	870	— — Petit modèle	63. »	11. »
2.76	»	1.93	22.19	1893	— *Pylogène* Grand modèle	120. »	20. »
1.50	»	1.05	12.08	1410	— — Petit modèle	48. »	8.50
1.80	75	1.35	15.53	699	— *Génothrix*	72. »	15.25
2.04	70	1.43	16.45	325	— *La Souveraine*	66. »	12.50
1.92	»	1.35	15.53	146	— *Isait.*	63. »	11. »
1.92	»	1.35	15.53	194	— *Yasmine*	60. »	10.75
1.80	»	1.26	14.49	1423	— *Régina*	54. »	9.75
1.80	75	1.35	15.53	3015	— *A la glycérine*	48. »	9. »
2.16	70	1.52	17.48	213	— *Végétale, assortie d'odeurs*	51. »	9.75
1.80	»	1.26	14.49	596	— *Sésostris*	60. »	10.50
2.40	»	1.68	19.32	1869	— *Assortie d'odeurs.*	69. »	12.50
2.16	60	1.30	14.95	1647	— —	48. »	9. »
1.80	70	1.25	14.49	1230	— *Rhum et Quinquina*	60. »	10.50
1.56	»	1.10	16.65	1324	— *Au Portugal*	45. »	8.25
1 56	»	1.10	12.65	753	— *Assortie d'odeurs*	45. »	8.25

EAU de SENTEUR	DEGRÉ	ALCOOL PUR	DROITS de consommation	Nos	DÉSIGNATION	PRIX DE GROS	PRIX MINIMA de détail à la pièce
					Lotions *(Litres et demi-litres).*		
			à la pièce			à la pièce	
1.00	70	0.70	8.05		LOTION. *Caprice de fleurs, Ceque Femme Veut, Pour être Aimée, Agmoré Nacréor* .. .. *1 litre.*	29. »	59. »
0.50	»	0.35	4.03		— *Caprice de fleurs, Ce que Femme Veut, Pour être Aimée, Agmoré, Nacréor* .. .. *1/2* —	15.75	31.50
1.00	»	0.70	8.05		— *Rare et Suprême, assortie de parfum* .. .. *1* —	21. »	46.50
0.50	»	0.35	4.03		— — — — — .. .. *1/2* —	11.75	25.25
1.00	»	0.70	8.05		— *Aux Violettes Russes.* .. .. *1* —	21. »	46.50
0.50	»	0.35	4.03		— — .. .. *1/2* —	11.75	25.25
1.00	»	0.70	8.05		— *Perlys, Nythis, Séduction, Régina, Sésostris, La Souveraine..* .. .. *1* —	16. »	38.50
0.50	»	0.35	4.03		— *Perlys, Nythis, Séduction, Régina, Sésostris, La Souveraine* .. .. *1* —	9.25	21.50
1.00	»	0.70	8.05		— *Originale assortie de parfums* .. .. *1* —	16. »	38.50
0.50	»	0.35	4.03		— — .. .. *1/2* —	9.25	21.50
1.00	75	0.75	8.63		— *A la glycérine et Génothrix..* .. .. *1* —	17. »	41. »
0.50	»	0.38	4.37		— — .. .. *1/2* —	9.75	22.50
1.00	70	0.70	8.05		— *Rhum et Quinquina* . .. . *1* —	19. »	43. »
0.50	»	0.35	4.03		— — .. .. *1/2* —	10.75	23.75
1.00	»	0.70	8.05		— *Végétale assortie d'odeurs* .. .. *1* —	16. »	38.50
0.50	»	0.35	4.03		— — .. .. *1/2* —	9.25	21.50
1.00	»	0.70	8.05		— *Pylogène..* .. .. *1* —	16. »	38.50
0.50	»	0.35	4.03		— — .. .. *1/2* —	9.25	21.50
1.00	»	0.70	8.05		— *Yasmine* .. .. *1* —	15. »	37. »
0.50	»	0.35	4.03		— — .. .. *1/2* —	8.75	20.50
1.00	»	0.70	8.05		— *Isaïl* .. .. *1* —	15. »	37. »
0.50	»	0.35	4.03		— — .. .. *1/2* —	8.75	20.50
1.00	»	0.70	8.05	1	— *Supérieure assortie d'odeurs* .. .. *1* —	15. »	37. »
0.50	»	0.35	4.03	1	— — .. .. *1/2* —	8.75	20.50
1.00	60	0.60	6.90	3	— *Surfine* — .. .. *1* —	11. »	29. »
0.50	»	0.30	3.45	3	— — — .. .. *1/2* —	6.75	16.25
0.25	»	0.15	1.73	3	— — — .. .. *1/4* —	4.25	9.25
1.00	50	0.50	5.75	4	— *Fine* — .. .. *1* —	9. »	20. »
0.50	»	0.25	2.88	4	— — — .. .. *1/2* —	5.75	13.75
0.25	»	0.13	1.50	4	— — — .. .. *1/4* —	3.90	8.50
					Shampooing supérieur.. .. .. *1* —	7.50	12.75
					— — .. .. *1/2* —	5. »	8.25
					Shampooing ordinaire . .. . *1* —	6.50	8.75
					Lotions *(Dose pour une friction).*		
			à la douzaine			à la douzaine	
0.36	70	0.26	2.99	1001	CAPRICE DE FLEURS, CE QUE FEMME VEUT, POUR ETRE AIMÉE, NACREOR, SÉRIE RARE, EAU DE COLOGNE, REGINA..	24. »	4.50
0.36	70	0 26	2.99	1002	PERLYS, NYTHIS, SEDUCTION, A LA GLYCÉRINE, SÉRIE ORIGINALE, EAU DE COLOGNE AMBRÉE	19.20	3.75
0.36	60	0.22	2.53	1003	LOTION SURFINE dans les parfums suivants : *Chypre, Foin coupé, Fougère, Héliotrope, Jasmin, Lilas, Mimosa, Muguet, Œillet, Portugal, Rose, Verveine et Violette, Eau de Cologne surfine*	16. »	3. »
					Eaux de Quinine.		
3.00	70	2.10	24.15	1480	EAU DE QUININE	66. »	12.75
1.50	»	1.05	12.08	1479	—	42. »	7.50
3.00	60	1.80	20.70	1483	—	60. »	11.50
1.50	»	0.90	10.35	1482	—	42. »	7.50
1.56	70	1.10	12.65	5443	—	42. »	7.75
0.78	»	0.55	6.32	1125	—	24. »	4.25
1.56	60	0.94	10.81	1305	—	36. »	6.75

EAU de SENTEUR	DEGRÉ	ALCOOL PUR	DROITS de consommation	POIDS NET par douzaine	Nos	DÉSIGNATION	PRIX DE GROS	PRIX MINIMA de détail à la pièce
			à la pièce			**Eaux de Quinine** (*Litres et demi-litres*).	à la pièce	
1.00	70	0.70	8.05		1	EAU DE QUININE *Supérieure* .. .. .. 1 litre.	15. »	37. »
0.50	»	0.35	4.03		1	— — .. .. .. 1/2 —	8.75	20.50
1.00	60	0.60	6.90		3	— *Surfine* .. .. .. 1 —	11. »	29. »
0.50	»	0.30	3.45		3	— — .. .. .. 1/2 —	6.75	16.25
0.25	»	0.15	1.73		3	— — .. .. .. 1/4 —	4.25	9.25
1.00	50	0.50	5.75		4	— *Fine* .. .. .. 1 —	9. »	20. »
0.50	»	0.25	2.88		4	— — .. .. .. 1/2 —	5.75	13.75
0.25	»	0.13	1.50		4	— — .. .. .. 1/4 —	3.90	8.50
						Dentifrices.	à la douzaine	
				1.020	3016	PATE DENTIFRICE .. *A la glycérine* Pot porcelaine Grand modèle ..	36. »	5.25
				0.600	3007	— — — .. Petit modèle ..	24. »	3. »
				0.700	3020	— — Tube décoré Grand modèle ..	24. »	3. »
				0.410	3023	— — — .. Petit modèle ..	18. »	2.25
				0.600	3019	— — Pot verre	24. »	3. »
				0.480	142	SAVON DENTIFRICE. — Boite rectangulaire en porcelaine ..	28. »	4. »
				0.480	140	— — — en aluminium ..	22.80	3. »
				0.480	201	— — — en carton	18.60	2.40
				0.300	138	— — ronde en aluminium ..	19.80	2.50
			à la douzaine	0.300	139	— — — en carton	16.20	2. »
				0.840	136	OPIAT DENTIFRICE	33. »	4.75
				0.200	149	POUDRE DENTIFRICE.	22.20	3. »
1.20	80	0.96	11.04		3018	EAU DENTIFRICE *à la glycérine* .. .. Grand modèle ..	51. »	8.75
0.78	»	0.63	7.24		3017	— — .. .. Petit modèle ..	39. »	6.50
0.75	60	0.45	5.18		318	— *Odonthéa*	27. »	4.50
1.02	70	0.72	8.28		255	— *Balsamique* .. .. Grand modèle ..	27. »	5. »
0.54	»	0.38	4.37		254	— — .. .. Petit modèle ..	19.20	3.25
0.60	90	0.54	6.21		235	ALCOOL DE MENTHE	36. »	6. »
12.00	60	7.20	82.80		1464	EAU DENTIFRICE. *La Renommée* .. .. .. 1 litre.	180. »	32. »
6.00	»	3.60	41.40		1463	— — .. .. .. 1/2 —	108. »	17.50
3.00	»	1.80	20.70		1462	— — .. .. .. 1/4 —	60. »	11. »
1.50	»	0.90	10.35		1461	— — .. .. .. 1/8 —	34.80	6.25
			à la pièce			**Eaux Dentifrice** (*Litres et demi-litres*).	à la pièce	
1.00	80	0.80	9.20		1	EAU DENTIFRICE *à la glycérine* .. .. .. 1 litre.	18. »	44. »
0.50	»	0.40	4.60		1	— — .. .. .. 1/2 —	10.25	24. »
1.00	70	0.70	8.05		2	— *Balsamique* .. .. .. 1 —	14. »	32. »
0.50	»	0.35	4.03		2	— — .. .. .. 1/2 —	8.25	19.75
1.00	60	0.60	6.90		3	— *ordinaire* .. .. .. 1 —	12. »	27.25
0.50	»	0.30	3.45		3	— — .. .. .. 1/2 —	7.25	15.50
						Poudres de Riz.	à la douzaine	
				0.840	972	POUDRE DE RIZ *Caprice de fleurs*	54. »	7.75
				0.840	614	— *Ce que femme veut*	45. »	6.50
				0.840	1900	— *Pour être aimée*	45. »	6.50
				0.840	816	— *Agmoré*	45. »	6.50
				0.840	118	— *Nacréor*	45. »	6.50
				0.840	821	— *Perlys*	42. »	6.25
				0.600	847	— *Nythis*	36. »	5.25
				0.840	1717	— *Séduction.*	42. »	6.25
				0.840	486	— *Originale.*	42. »	6.25
				0.840	372	— *Pour le visage Santal*	46.20	6.75
				0.960	598	— *Sésostris*	33. »	4.75
				0.540	471	— *Assortie*	30. »	4.50
				1.080	1425	— *The Mikado*	30. »	4.50
				1.080	494	— *The Mistletoe*	30. »	4.50
				1.200	1620	— *La Souveraine*	30. »	4.50
				1.140	454	— *Memphis*	33. »	4.75

POIDS NET par douzaine	Nos	DÉSIGNATION	PRIX DE GROS à la douzaine	PRIX MINIMA de détail à la pièce	PRIX MINIMA de détail à la boîte
		Poudres de Riz *(Suite).*			
0.480	317	POUDRE DE RIZ. *Assortie*	24. »	3.50	
1.440	580	— —	19.20	3. »	
0.660	935	— —	13.20	1.90	
1.500	1494	— —	15. »	2.40	
0.120	274	— *La Suzel.*	9. »	1.25	
0.230	825	PAPIER POUDRE. *Perlys*	16.20	2.25	
à la pièce		**Poudres de Riz au poids.**	à la pièce		
1.000	4003	POUDRE DE RIZ. *Surfine* *en étui de 1 kg. le kg.*	10.50		
0.500	4003	— — — *500 gr.* —	12. »		
0.250	4003	— — — *250 gr.* —	14.25		
1.000	4002	— *Fine* — *1 kg.* —	8.75		
0.500	4002	— — — *500 gr.* —	10.25		
0.250	4002	— — — *250 gr.* —	12.50		
à la douzaine		**Poudres compactes.**	à la douzaine		
0.072	340	POUDRE. *Compacte.* boîte métal doré	45. »	6.50	
0.072	365	— — — carton.	24. »	3.50	
0.072	197	— — — aluminium.	30. »	4.25	
		Savons enveloppés.			
1.200	605	SAVON. *Ce que Femme Veut* Carton de 3	39. »	5.50	16.25
1.200	1889	— *Pour être Aimée* — 3	39. »	5.50	16.25
1.200	812	— *Agmoré* — 3	39. »	5.50	16.25
1.200	119	— *Nacréor* — 3	39. »	5.50	16.25
1.200	822	— *Perlys* — 3	24. »	3. »	8.90
1.200	848	— *Nythis* — 3	24.	3. »	8.90
1.080	489	— *Original, assorti dans les parfums de la série originale* — 3	24. »	3. »	8.90
1.200	1718	— *Séduction* — 3	24. »	3. »	8.90
2.280	817	— *Omnibus* — 3	36. »	5. »	14.75
1.200	1331	— *Bouquet de Violettes* — 3	24. »	3. »	8.90
1.200	1693	— *Assorti* — 3	30.	4.50	13.25
1.140	599	— *Sésostris* — 3	24. »	3. »	8.90
1.200	1395	— *The Mikado* — 3	24. »	3. »	8.90
1.020	300	— *Santal* — 3	24. »	3. »	8.90
1.080	150	— *Isaït* — 3	22.80	2.90	8.50
1.200	1527	— *A l'eau de Cologne* — 3	21. »	2.75	8. »
1.200	1529	— *Fleur de son* — 3	21. »	2.75	8. »
1.080	65	— *aux fleurs de Lavande.* — 3	22.20	2.90	8.50
1.200	3008	— *A la glycérine* — 3	20. »	2.50	7.25
1.080	6	— *Paudouss* — 3	22.80	2.90	8.50
1.080	55	— *Assorti* — 3	27. »	3.75	11.25
1.080	1845	— — — 3	24. »	3. »	8.90
1.080	62	— — — 3	20. »	2.50	7.25
1.080	53	— — — 3	21. »	2.75	8. »
1.020	530	— — — 3	16.20	2.10	6. »
1.080	37	— — — 3	18. »	2.40	7. »
1.200	1049	— *Au suc de Laitue* — 3	18. »	2.40	7. »
1.200	75	— *Le Vénéré* — 3	22.20	2.90	8.50
1.080	193	— *Yasmine* — 3	22.20	2.90	8.50
1.200	1234	— *Au goudron de Norvège* — 3	19.80	2.50	7.25
1.200	34	— *Aux Amandes amères* — 3	21. »	2.75	8. »
1.200	1170	— *A la Pâte d'amande blanche* — 3	19.20	2.50	7.25
1.200	4	— *Cosmopolite* — 6	18. »	2.40	14.25
1.080	1844	— *Assorti.* — 12	16.80	2.10	25. »
1.020	66	— — — 36	13.80	1.75	» »

POIDS NET par douzaine	N°s	DÉSIGNATION	PRIX DE GROS la douzaine	PRIX MINIMA de détail à la pièce	PRIX MINIMA de détail à la boîte
		Savons enveloppés *(Suite).*			
0.600	43	SAVON .. *Santal Soap* .. Carton de 6	14.40	1.85	11. »
0.600	68	— *White Rose* .. — 6	14.40	1.85	11. »
0.960	7	— *Assorti* .. — 3	15. »	1.90	5.50
0.960	42	— — .. — 12	13.20	1.75	20.50
1.800	72	— *Le Magistral* .. — 6	24. »	3. »	17.75
0.285	236	PAPIER SAVON *en feuilles* .. —	15. »	1.90	
		Savons nus.			
2.400	70	SAVON .. *Le Bon Gros* .. Carton de 6	24.	3. »	17.75
1.800	20	— *Le Rondelet* .. — 6	19.80	2.60	15.50
2.400	85	— *Le Majestueux* .. — 6	24. »	3. »	17.75
1.800	84	— *Le Petit Gros* .. — 6	19.80	2.60	15.50
1.200	1639	— *Assorti* .. — 12	12.60	1.65	19.50
1.320	22	— *A la Pâte d'amande blanche* .. — 3	16.80	2.10	6.25
1.140	71	— — — .. Boite métal de 6	16.20	2. »	11.75
1.200	1241	— *Dulcifié au suc de Laitue* .. Carton de 3	15. »	1.90	5.50
1.140	31	— *Au suc de Laitue* .. Boite métal de 6	16.20	2. »	11.75
1.200	25	SAVON .. *Miel Mouche* .. Carton de 3	18. »	2.40	7. »
1.500	3	— *Guimauve* .. — 3	18. »	2.40	7. »
1.200	2	— — .. — 3	15. »	1.90	5.50
1.140	10	— — .. — 6	13.20	1.75	10.25
0.960	11	— — .. — 12	10.80	1.45	17.25
1.140	69	— *Des familles* .. Boite métal de 6	18. »	2.40	14.25
0.600	33	— — .. — 12	9.60	1.25	14.50
1.200	57	— *Indispensable des familles* .. Carton de 3	15. »	1.90	5.50
0 480	24	— *Castel Mignon* .. — 6	7.50	1. »	5.75
0.180	691	— *Léger* .. 12	2.75	0.30	4. »
1.500	692	— — .. *La boîte de 100*	16.80	0.30	
		Barrettes de savon, Crèmes de savon, Poudres de savon.			
0.720	3021	SHAVING STICK (savon pour la barbe), *à la glycérine*, étui métal ..	21. »	2.75	
0.720	3021 *ter*	— — modèle de rechange..	16.80	2.10	
0.720	520	SAVON POUR LA BARBE étui nicklelé ..	27. »	3.75	
0.720	520 *ter*	— — modèle de rechange ..	16.80	2.10	
0.720	1833	SHAVING STICK (savon pour la barbe), *L'Indispensable*, étui aluminium.	24. »	3. »	
0.720	1883 *ter*	— — — modèle de rechange..	16.80	2.10	
0.540	361	CRÈME DE SAVON en tube ..	22.20	3. »	
1.320	843	— en pot faïence ..	60. »	8.50	
0.900	844	— — ..	48. »	6.75	
1.020	1362	POUDRE DE SAVON ..	27. »	3.75	
0.360	1415	— ..	15. »	1.90	
0.440	404	— ..	13.80	1.75	
0.240	933	— ..	9.60	1.25	
à la pièce		**Poudre de savon au poids.**	le kilog		
1.000	4010	POUDRE DE SAVON en étui de 1 kilog..	9. »		
0.500	4010	— — 500 gr..	10.50		
0.250	4010	— — 250 gr..	12.75		
		Crèmes de savon au poids.	à la pièce		
1.000		CRÈME DE SAVON *Amande, Rose, Violette* le pot faïence de 1 kilog.	21. »	36.25	
0.500		— — 500 gr.	12.50	21.50	
0.250		— — 250 gr.	7.50	12.75	
0.125		— — 125 gr.	4.60	7.75	

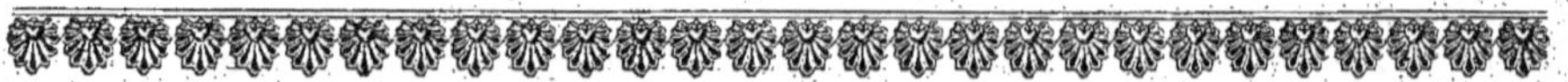

EAU de SENTEUR	DEGRÉ	ALCOOL PUR	DROITS de consommation par douzaine	POIDS NET par douzaine	Nos	DÉSIGNATION	PRIX DE GROS à la douzaine	PRIX MINIMA de détail à la pièce
						Bâtons pour le théâtre.		
				0.300	1664	CRAYON *Fond de teint*	24. »	3.25
				0.084	1665	— *Grime*	9.60	1.25
				0.102	1670	ÉTUI *de 8 crayons.*	54. »	7.50
				0.900	1671	BATON *à dégrimer.*	48. »	6.75
				0.020	341	BATON *pour les lèvres,* étui doré.	21. »	3. »
				0.020	354	— étui nickelé	14.40	2. »
				0.060	852	— étui nickelé	19.80	2.50
				0.024	1489	CRAYON *pour cils.*	16.20	2.25
				0.016	1488	—	10. »	1.40
				0.072	1618	BLANC ET ROUGE *de théâtre..*	19.20	2.50
0.16	10	0.02	0.23		256	VINAIGRE DE ROUGE.	15. »	2. »
				0.042	376	BATON *pour les lèvres, en étui tournant*	54. »	7.50
						Crèmes et Eaux de Beauté, Pâtes d'amandes, Poudres de talc.		
				0.480	298	CRÈME DE BEAUTÉ *Mon caprice.*	81. »	11.50
				0.360	1723	— *Séduction*	42. »	6.25
				0.660	3005	CRÈME DE GLYCÉRINE	48. »	6.75
				0.510	3022	—	33. »	4.75
				3.600	1682	PATE D'AMANDES..	90. »	13. »
				1.500	1681	—	54. »	7.75
				1.500	170	POUDRE DE TALC *Ce que Femme Veut, Pour être Aimée, Perlys..*	54. »	7.75
				1.500	166	— *La Renommée.*	24. »	3.50
				1.740	1381	FLUIDE LÉNITIF.	45. »	6.75
				2.020	1746	EAU DE BEAUTÉ *Séduction.*	72. »	10.50
				0.360	123	COLD-CREAM *Pot verre opale capsulé*	33. »	4.75
						Brillantines et Fluides brillantines.		
				0.660	607	BRILLANTINE CRISTALLISÉE. *Ce que Femme Veut.*	57. »	8.25
				0.660	1890	— *Pour être Aimée*	57. »	8.25
				0.660	813	— *Agmoré*	57. »	8.25
				0.660	823	— *Perlys..*	57. »	8.25
				0.660	1812	— *Séduction*	57. »	8.25
				0.540	608	BRILLANTINE DIAPHANE .. *Ce que Femme Veut..*	48. »	7. »
				0.540	1891	— *Pour être Aimée..*	48. »	7. »
				0.540	814	— *Agmoré*	48. »	7. »
				0.540	824	— *Perlys*	45. »	6.50
				0.540	1813	— *Séduction..*	45. »	6.50
				0.540	1577	— *Assortie d'odeurs..*	33. »	5. »
				0.300	510	— —	25.20	3.75
				0.300	495	— —	25.20	3.75
				0.300	1648	— —	24. »	3.50
				0.900	455	BRILLANTINE OPAQUE —	36. »	5. »
				0.510	474	— —	25.20	3.50
				0.660	127	BRILLANTINE SOLIDIFIÉE. —	33. »	4.75
0.75	25	0.19	2.19		488	BRILLANTINE ORIGINALE —	30. »	4.50
0.68	»	0.17	1.96		168	— *Aux violettes de Nice ..*	39. »	5.75
0.72	»	0.18	2.07		1850	— *Assortie d'odeurs ..*	28.20	4.25
0.60	»	0.15	1.73		1848	— —	22.20	3.50
0.78	»	0.195	2.25		1346	— —	27. »	4.25
0.60	»	0.15	1.73		1204	— —	19.80	3. »
					849	FLUIDE BRILLANTINE *Nythis*	30. »	4.25
					487	— *Originale assortie d'odeurs*	30. »	4.25
0.96	82	0.79	11.04		1311	FLUIDE PERSAN	72. »	11.75
0.78	»	0.64	7.36		335	FLUIDE BRILLANTINE *Assortie d'odeurs*	48. »	7.75
				0.650	1851	—	28.20	4.25
				0.520	1849	—	24. »	3.50

EAU de SENTEUR	DEGRÉ	ALCOOL PUR	DROITS de consommation par douzaine	POIDS NET par douzaine	N°s	DÉSIGNATION	PRIX DE GROS à la douzaine	PRIX MINIMA de détail à la pièce
						Brillantines et Fluides brillantines. *(Litres et demi-litres.)*	à la pièce	
1.00	25	0.25	2.88			BRILLANTINE FINE *Assortie d'odeurs* .. .. *1 litre.*	15. »	28.50
0.50	»	0.13	1.50			— — — .. .. *1/2 —*	8.75	16.75
1.00	82	0.82	9.43			FLUIDE BRILLANTINE — .. .. *1 litre.*	22. »	50.50
0.50	»	0.41	4.72			— — — .. .. *1/2 —*	12.25	27. »
1.00	»	0.82	9.43			FLUIDE PERSAN.. .. .. *1 litre.*	22. »	50.50
0.50	»	0.41	4.72			— — .. .. *1/2 —*	12.25	27. »
						Pommades et Vaselines.	à la douzaine	
				1.400	174	POMMADE *Moelle de Bœuf au Quinine*	49.80	7.25
				0.600	178	— — *au Rhum*	27. »	4. »
				0.600	178	POMMADE *Philocome assortie d'odeurs*	27. »	4. »
				0.600	1218	POMMADE *Crème Romaine* —	27. »	4. »
				0.450	1046	— — *Capillaire* —	19.80	2.75
				0.400	390	— — *Vaseline* —	19.80	2.75
				0.420	122	— — *Duchesse* —	30. »	4.75
						Pommades Hongroises.		
				0.180	640	POMMADE *Hongroise*..	18. »	2.50
				0.088	693	—	8.40	1.15
						Cosmétiques.		
				0.900	1755	COSMÉTIQUE *extra-fin assorti d'odeurs et de couleurs*	33. »	5. »
				0.420	1754	— — —	22.80	3.25
				0.540	440	— — —	27. »	4. »
				0.420	438	— — —	24. »	3.50
				0.360	435	— — —	20. »	2.75
				0.300	437	— — —	19.20	2.75
				0.540	439	— — —	28.80	4.25
				1.620	1152	— *fixateur, assorti de couleurs*	33. »	5. »
				0.930	1154	— — —	22.80	3.25
				0.300	415	— *carré, assorti d'odeurs et de couleurs.*	10.80	1.50
						Huiles.		
				0.500	294	HUILE ANTIQUE *assortie d'odeurs*	24. »	3.50
				0.250	292	— —	16.20	2.25
				0.500	1348	HUILE QUININE.	24. »	3.50
				0.250	1060	—	16.20	2.25
				0.840	1321	HUILE AU QUINQUINA	48. »	7. »
				0.410	1320	—	22.20	3.25
				0.500	1413	HUILE DE NOISETTES	24. »	3.50
				0.930	744	HUILE HYGIENIQUE *assortie d'odeurs*..	36. »	5.25
				0.500	963	— —	27.	4. »
				0.820	338	HUILE MAOASSAR..	33. »	5.25
				0.380	337	—	24. »	3.50
				0.200	336	—	19.20	2.75
				0.560	288	HUILE BRISE D'HANOI	27. »	4. »
						Teintures.		
0.50	43	0.215	2.48		881	NIGRITINE.	180. »	25. »
				1.920	1379	FLAVULINE	78. »	12. »
				0.110	465	COMPOSITION ZOUAVE	42. »	6. »

EAU de SENTEUR	DEGRÉ	ALCOOL PUR	DROITS de consommation par douzaine	POIDS NET par douzaine	N^{os}	DÉSIGNATION	PRIX DE GROS à la douzaine	PRIX MINIMA de détail à la pièce
						Articles divers.		
				1.500	1347	FLEUR DE SON	21. »	3.25
				2.000	1452	TABLETTE RÉGINA	28.20	3.75
				0.770	1582	—	21. »	3. »
				2.010	695	EAU DE FLEUR D'ORANGER	36. »	5. »
				1.400	694	—	27. »	3.75
				0.108	1625	CRAYON ONGULAIRE RÉGENCE	27. »	3.75
				0.180	371	PASTILLES FUMANTES	22.20	3. »
				0.120	208	SHAMPOOING EN POUDRE	5.40	0.70
2.16	10	0.22	2.53		1725	SAPONARINE	66. »	9.75
1.20	10	0.12	1.38		490	BANDOLINE	33. »	5. »
				0.180	1892	SACHET SATIN *Pour être aimée*	51. »	7.25
				0.030	1630	— — *assorti odeurs*	21. »	3. »
				0.240	1711	— PAPIER —	45. »	6.25
				0.490	794	POUDRE A SACHETS —	24. »	3.25
				0.360	147	— —	39. »	5.50

AVIS IMPORTANT

Articles non soumis à l'Impôt de Luxe 12 °/° (Loi du 26 Juin 1920, modifiée par la Loi du 23 Mars 1924), à condition d'être vendus aux prix de notre Tarif Minima :

Tous les Savons, Poudres et Crèmes de Savon vendus 3 francs la pièce et au-dessous ;
Les Savons pour la barbe N°s 1833, 3021, 1833 *ter*, 3021 *ter* et 520 *ter* ;
Les Pâtes, savons et Poudres Dentifrices N°s 3007, 3020, 3019, 3023 140, 201, 138, 139, 149;
Les Tablettes *Régina* N°s 1452 et 1582 ;
Les Eaux dentifrices en demi-litres et litres N°s 1463 et 1464, litre N° 2, demi-litre et litre N° 3 ;
Les Lotion N° 4 en litres ;
Les Eaux de Cologne, *Indispensable* N° 783 en litres et litres N° 4 ;
Les Eaux de fleurs d'Oranger N°s 694 et 695 en demi-litres et litres ;
Le Shampooing supérieur et ordinaire en 1/2 litres et litres et en poudre ;
La poudre de Talc *La Renommée* N° 166 ;

Pour tous les autres produits, l'Impôt de Luxe de 12 °/° est compris dans nos prix Minima de Vente au détail.

Paris. — Imp. Paul Dupont (Cl.). — 571. 9. 1925.

MAISON FONDÉE EN 1826

GELLÉ FRÈRES

PARFUMEURS

LECARON FILS, SUCCESSEURS

6, Avenue de l'Opéra, 6

PARIS

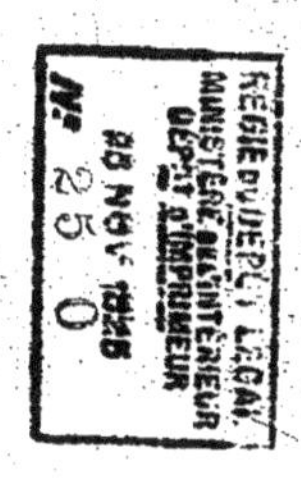

USINES A LEVALLOIS-PERRET (Seine)

134, 136, 138, Rue Gravel

OCTOBRE 1925

AVIS

Sans engagement de Prix, ni de date de Livraison.

Pour éviter les contrefaçons dont nos produits sont souvent l'objet en France et surtout à l'Étranger, nous engageons à ne reconnaître comme provenant de notre maison que les produits revêtus de la marque de notre fabrique ou de la signature ci-contre.

Adr. Tél. : LECARONFIS-PARIS
Téléphone : CENTRAL 37-56

Compte Chèques Postaux :
Paris Saint-Roch N° 23.393
R. C. Seine N° 85.618

Codes Used { A.B.C. 5e édition / BENTLEY

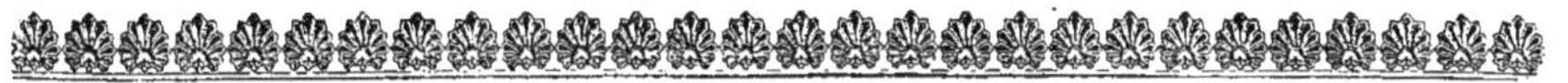

PRIX COURANT

Nos	DÉSIGNATION	PRIX DE GROS à la douzaine
	Parfumerie " Ce que Femme Veut " (Pages 4 et 5).	
601	CE QUE FEMME VEUT. *Essence*.. .. .. .. Grand modèle de Luxe.	384. »
613	— — .. .. Petit modèle	165. »
602	— *Lotion* .. .. Grand modèle..	186. »
615	— — .. .. Petit modèle	102. »
603	— *Eau de toilette* .. .. Grand modèle..	186. »
616	— — .. .. Petit modèle	102. »
614	— *Poudre de riz*	45. »
605	— *Savon*	39. »
607	— *Brillantine cristallisée*.	57. »
608	— — *diaphane*.	48. »
170	— *Poudre de talc*	54. »
	Parfumerie " Pour être Aimée " (Pages 6 et 7).	
1885	POUR ÊTRE AIMÉE. *Quintessence* .. .. .. Grand modèle de Luxe	552. »
1899	— — .. .. .. Petit modèle	165. »
1886	— *Lotion* .. .. Grand modèle.	177. »
1907	— — .. .. Petit modèle	102. »
1887	— *Eau de toilette* .. .. Grand modèle.	177. »
1908	— — .. .. Petit modèle	102. »
1900	— *Poudre de riz*	45. »
1889	— *Savon*	39. »
1890	— *Brillantine cristallisée*..	57. »
1891	— — *diaphane*	48. »
1892	— *Sachet corsage*	51. »
170	— *Poudre de talc*	54. »
	Parfumerie " Agmoré " (Pages 8 et 9).	
808	AGMORÉ.. *Essence* .. .. Grand modèle	276. »
815	— — .. .. Petit modèle	162. »
834	— *Lotion*	90. »
835	— *Eau de toilette*	90. »
816	— *Poudre de riz*.	45. »
812	— *Savon*	39. »
813	— *Brillantine cristallisée*..	57. »
814	— — *diaphane*	48. »

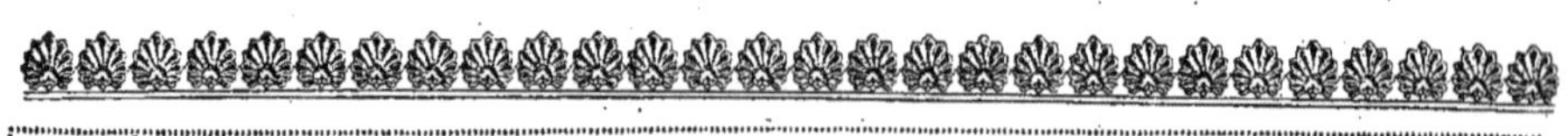

Nos	DÉSIGNATION	PRIX DE GROS à la douzaine
	Parfumerie " Perlys " (Pages 10 et 11).	
818	PERLYS .. *Essence*	138. »
819	— *Lotion*	63. »
820	— *Eau de toilette*	87. »
821	— *Poudre de riz*	42. »
822	— *Savon*	24. »
823	— *Brillantine cristallisée*..	57. »
824	— — *diaphane* ..	45. »
825	— *Papier poudre*.	16.20
170	— *Poudre de talc*	54. »
	Parfumerie " Nythis " (Pages 20 et 21).	
845	NYTHIS .. *Essence*.	114. »
846	— *Lotion*	57. »
847	— *Poudre de riz* ..	36. »
848	— *Savon*	24. »
849	— *Fluide brillantine* ..	30. »
	Parfumerie " Séduction " (Pages 12 et 13).	
1712	SÉDUCTION .. *Essence*	96. »
1714	— *Lotion*..	63. »
1716	— *Eau de toilette* ..	90. »
1717	— *Poudre de riz* ..	42. »
1718	— *Savon*..	24. »
1721	— *Eau de Cologne* .. .. *1 litre.*	270. »
1720	— — .. .. *1/2 —*	162. »
1753	— — .. .. *1/4 —*	102. »
1752	— — .. .. *1/8 —*	67.80
1812	— *Brillantine cristallisée* ..	57. »
1813	— — *diaphane* ..	45. »
1746	— *Eau de beauté*.. ..	72. »
1723	— *Crème de beauté* ..	42. »
	Parfumerie " Originale " (Pages 14 et 15).	
484	ORIGINALE .. *Essence assortie de parfums.*	96. »
485	— *Lotion* —	60. »
486	— *Poudre de riz assortie de parfums et de couleurs*	42. »
487	— *Fluide brillantine* —	30. »
488	— *Brillantine* —	30. »
489	— *Savon* — .. .. *Carton de 3.*	24. »
	Parfums Recommandés (Pages 16 et 17).	
186	SUPRÊME.. *Essence assortie de parfums.* .. .. Grand modèle de luxe ..	354. »
185	— — — — .. .. Petit modèle ..	162. »
188	RARE .. .. — — —	120. »

Nos	DÉSIGNATION	PRIX DE GROS à la douzaine
	Parfumerie spéciale à la glycérine (Pages 18 et 19).	
3016	PATE DENTIFRICE .. *A la glycérine* .. Boite porcelaine .. Grand modèle ..	36. »
3007	— — — .. — — .. Petit modèle ..	24. »
3019	— — — .. — verre plate ..	24. »
3020	— — — .. Tube décoré .. Grand modèle ..	24. »
3023	— — — .. — — .. Petit modèle ..	18. »
142	SAVON — — .. Boite rectangulaire en porcelaine ..	28. »
140	— — — .. — — en aluminium ..	22.80
201	— — — .. — — en carton ..	18.60
138	— — — .. Boite ronde en aluminium ..	19.80
139	— — — .. Boite ronde en carton ..	16.20
3018	EAU — — .. Grand modèle ..	51. »
3017	— — — .. Petit modèle ..	39. »
3008	SAVON *à la glycérine* ..	20. »
3021	SHAVING STICK *à la glycérine* .. étui métal ..	21. »
3021 *ter*	— — modèle de rechange ..	16.80
3001	EAU DE TOILETTE — ..	39. »
3015	LOTION — ..	48. »
3005	CRÈME *de glycérine* .. en pot ..	48. »
3022	— — .. en tube ..	33. »
3012	GLYCÉRINE *pure* ..	27. »
	Essences spécialités (Pages 22 à 29).	
970	CAPRICE DE FLEURS .. — .. Grand modèle de luxe ..	504. »
969	— — .. Petit modèle ..	234. »
601	CE QUE FEMME VEUT. *Essence* .. Grand modèle de luxe ..	384. »
613	— — .. Petit modèle ..	165. »
1885	POUR ÊTRE AIMÉE. .. — .. Grand modèle de luxe ..	552. »
1899	— — .. Petit modèle ..	165. »
808	AGMORÉ .. — .. Grand modèle ..	276. »
815	— — .. Petit modèle ..	162. »
114	NACRÉOR .. — .. Grand modèle ..	396. »
113	— — .. Petit modèle ..	165. »
818	PERLYS .. — ..	138. »
845	NYTHIS .. — ..	114. »
1712	SÉDUCTION .. — ..	96. »
595	SÉSOSTRIS .. — ..	87. »
145	ISAIT .. — ..	66. »
708	BENTEN .. — ..	66. »
1396	THE MIKADO .. — ..	66. »
572	THE MISTLETOE .. — ..	63. »
1922	LIBERTÉ .. — ..	60. »
192	YASMINE .. — ..	66. »
623	ESSENCES POUR LE SAC. *Ce que femme veut, Caprice de fleurs, Pour être aimée, Agmoré, Nacréor, Série rare.* ..	57. »
624	— — *Perlys, Nythis, Série originale.* ..	48. »
	Essences assorties (Pages 30 à 33).	
186	ESSENCE SUPRÊME .. *Assortie de parfums* .. Grand modèle ..	354. »
185	— — — .. Petit modèle ..	162. »
188	— RARE .. — ..	120. »
484	— ORIGINALE. — ..	96. »

Nos	DÉSIGNATION	PRIX DE GROS à la douzaine
	Essences assorties *(Suite).*	
468	ESSENCE *Assortie de parfums*	57. »
470	— —	45. »
198	— —	84. »
240	— —	57. »
316	— —	48. »
315	— —	39. »
1622	— —	43.20
1621	— —	36. »
205	— —	27. »
	Parfumeries spéciales en coffres (Pages 34 et 35).	à la pièce
2031	ÉCRIN RICHE. *Peau tachée* contenant 2 flacons : *Ce que Femme veut, Pour être aimée, Perlys, ou Suprême.*	56. »
2032	— — *Peau rouge* — — —	48. »
2033	— — *Peau tachée* contenant 3 flacons : *Essence série rare*	65. »
2034	— — *Peau rouge* — 3 — —	56. »
2020	— — En toile, *Agmoré, Pour être aimée.*	46. »
2021	— — — *Ce que Femme veut*	46. »
2022	— — — *Perlys*	46. »
	Eaux de Cologne (Pages 36 à 39).	à la douzaine
1432	EAU DE COLOGNE. *Régina* . . *1 litre.*	450. »
1431	— — *1/2 —*	264. »
1430	— — *1/4 —*	156. »
1429	— — *1/8 —*	99. »
1721	— *Séduction* *1 —*	270. »
1720	— — *1/2 —*	162. »
1753	— — *1/4 —*	102. »
1752	— — *1/8 —*	67.80
1352	— *Extra-forte* *G. M.*	99. »
1351	— — *P. M.*	66. »
310	— *Ambrée.* *1 litre.*	180. »
309	— — *1/2 —*	111. »
308	— — *1/4 —*	64.80
307	— — *1/8 —*	39. »
306	— — *1/16 —*	25.80
841	— *Nythis.* *1 —*	198. »
840	— — *1/2 —*	118.80
839	— — *1/4 —*	72. »
838	— — *1/8 —*	43.80
837	— — *1/16 —*	29.40
1760	— *La Renommée* *1 litre.*	198. »
1802	— — *1/2 —*	117. »
1894	— — *1/4 —*	66. »
1898	— — *1/8 —*	37.80
248	— *La Rayonnante* *1 litre.*	126. »
247	— — *1/2 —*	78. »
246	— — *1/4 —*	50.40
245	— — *1/8 —*	30. »

Nos	DÉSIGNATION		PRIX DE GROS à la douzaine
	Eaux de Cologne *(Suite).*		
244	EAU DE COLOGNE. *La Rayonnante*	*1/16 litre*	19.20
783	— *L'Indispensable*	*1 —*	90. »
782	— —	*1/2 —*	57. »
781	— —	*1/4 —*	39. »
780	— —	*1/8 —*	26.40
778	— —	*1/16*	16.80
899	— *Des Princes*		39. »
1122	— —		24. »
1095	— *Supérieure.*		36. »
1096	— —		22.80
234	— *Des Princes*		33. »
275	— —		39. »
453	— *Aux Fleurs*		33. »
	Eaux de Cologne *(Litres et demi-litres)* (Pages 40 et 41).		Prix de gros à la pièce
24	EAU DE COLOGNE. *Extra-fine*	*1 litre.*	25. »
24	— —	*1/2 —*	13.75
18	— *Triple rectifiée*	*1 —*	18. »
18	— —	*1/2 —*	10.25
12	— *Surfine.*	*1 —*	16. »
12	— —	*1/2 —*	9.25
11	— *Ambrée.*	*1 —*	13. »
11	— —	*1/2 —*	7.75
10	— *Double rectifiée*	*1 —*	13.50
10	— —	*1/2 —*	8.25
8	— —	*1 —*	12.50
8	— —	*1/2 —*	7.75
7	— —	*1 —*	10.75
7	— —	*1/2 —*	6.75
7	— —	*1/4 —*	4.25
6	— —	*1 —*	10.50
6	— —	*1/2 —*	6.50
6	— —	*1/4 —*	4.15
1	— *Aux Fleurs.*	*1 —*	11. »
1	— —	*1/2 —*	6.75
3	— *Surfine.*	*1 —*	10.50
3	— —	*1/2 —*	6.50
3	— —	*1/4 —*	4.15
4	— *Fine*	*1 —*	9. »
4	— —	*1/2 —*	5.75
4	— —	*1/4 —*	3.90
	Eaux de Lavande (Pages 42 et 43).		Prix de gros à la douzaine
1661	EAU DE LAVANDE. *La Renommée.*	*1 litre.*	177. »
1660	— —	*1/2 —*	108. »
1659	— —	*1/4 —*	60. »
940	— *Ambrée*		42. »
1123	— —		27. »

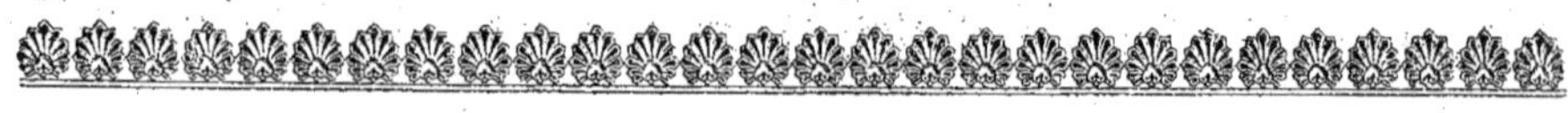

Nos	DÉSIGNATION	PRIX DE GROS à la pièce
	Eaux de Lavande *(Litres et demi-litres)* (Pages 42 et 43).	
1	EAU DE LAVANDE.. .. *Ambrée supérieure*.. *1 litre.*	17. »
1	— — *1/2 —*	9.75
2	— *Anglaise* *1 —*	16. »
2	— — *1/2 litre.*	9.25
3	— *Ambrée.* *1 —*	12. »
3	— — *1/2 —*	7.25
4	— *Blanche double.* *1 —*	13.50
4	— — *1/2 —*	8. »
5	ALCOOL DE LAVANDE. *Blanche* *1 —*	13.50
5	— — *1/2 —*	8. »
6	EAU DE LAVANDE.. — *1 —*	10. »
6	— — *1/2 —*	6.25
	Eaux de Toilette (Pages 44 à 47).	Prix de gros à la douzaine
603	EAU DE TOILETTE.. *Ce que femme veut* .. Grand modèle ..	186. »
616	— — Petit modèle ..	102. »
1887	— *Pour être aimée*.. Grand modèle ..	177. »
1908	— — Petit modèle ..	102. »
835	— *Agmoré*..	90. »
820	— *Perlys* ..	87. »
1716	— *Séduction.*	90. »
597	— *Sésostris*..	66. »
3001	— *A la glycérine*	39. »
1390	— *Assortie*..	36. »
1226	— *Gellé Frères*..	42. »
1307	— *Assortie*..	39. »
1309	— —	24. »
	Vinaigres de Toilette (Pages 48 et 49).	
895	*Vinaigre de Framboise à la Violette*..	42. »
1124	— *à la Violette* ..	24. »
	Eaux de Toilette *(Litres et demi-litres)* (Pages 48 et 49).	Prix de gros à la pièce
15	EAU DE TOILETTE.. *Gellé Frères*.. *1 litre.*	19. »
15	— — *1/2 —*	10.75
16	— *A la glycérine* .. *1 —*	17. »
16	— — *1/2 —*	9.75
1	— *Supérieure, assortie de parfums* .. *1 —*	15. »
1	— — — *1/2 —*	8.75
	Vinaigres de Toilette *(Litres et demi-litres)* (Pages 48 et 49).	
17	*Vinaigre de Framboise à la Violette* .. *1 litre.*	16. »
17	— *1/2 —*	9.25

Nos	DÉSIGNATION	PRIX DE GROS à la douzaine
	Lotions pour la Chevelure (Pages 50 à 57).	
971	LOTION. *Caprice de fleurs* .. Grand modèle ..	150. »
973	— — .. Petit modèle ..	102. »
602	— *Ce que femme veut* .. Grand modèle ..	186. »
615	— — .. Petit modèle ..	102. »
1886	— *Pour être aimée* .. Grand modèle ..	177. »
1907	— — .. Petit modèle ..	102. »
834	— *Agmoré* ..	90. »
217	— *Suprême* ..	75. »
191	— *Rare* ..	75. »
819	— *Perlys*..	63. »
846	— *Nythis*..	57. »
116	— *Nacréor* ..	102. »
1714	— *Séduction* ..	63. »
301	— *Santal* ..	114. »
485	— *Originale, assortie d'odeurs* ..	60. »
874	— *Violettes Russes* .. Grand modèle ..	108. »
870	— — .. Petit modèle ..	63. »
1893	— *Pylogène*. .. Grand modèle ..	120. »
1410	— — .. Petit modèle ..	48. »
699	— *Génothrix* ..	72. »
325	— *La Souveraine* ..	66. »
146	— *Isaït*. ..	63. »
194	— *Yasmine*. ..	60. »
1423	— *Régina* ..	54. »
3015	— *A la glycérine* ..	48. »
213	— *Végétale, assortie d'odeurs*. ..	51. »
596	— *Sésostris*. ..	60. »
1869	— *Assortie d'odeurs*..	69. »
1647	— — ..	48. »
1230	— *Rhum et Quinquina*..	60. »
1324	— *Au Portugal* ..	45. »
753	— *Assortie d'odeurs*. ..	45. »

Lotions *(Litres et demi-litres)* (Pages 58 à 61).

	DÉSIGNATION	Prix de gros à la pièce
	LOTION. *Caprice de fleurs, Ce que femme veut, Pour être aimée, Agmoré, Nacréor.* *1 litre.*	29. »
	— — — — — .. *1/2* —	15.75
	— *Rare et Suprême, assortie de parfums* .. *1* —	21. »
	— — — — — .. *1/2* —	11.75
	— *Aux Violettes Russes* .. *1* —	21. »
	— — .. *1/2* —	11.75
	— *Perlys, Nythis, Séduction, Régina, Sésostris, La Souveraine*.. *1* —	16. »
	— — — — — — — .. *1/2* —	9.25
	— *Originale assortie de parfums* .. *1* —	16. »
	— — .. *1/2* —	9.25
	— *A la glycérine et Génothrix* .. *1* —	17. »
	— — .. *1/2* —	9.75
	— *Rhum et Quinquina* .. *1* —	19. »
	— — .. *1/2* —	10.75
	— *Végétale assortie d'odeurs* .. *1* —	16. »
	— — .. *1/2* —	9.25

Nos	DÉSIGNATION		PRIX DE GROS à la pièce
	Lotions *(Litres et demi-litres) (Suite).*		
	LOTION. *Pylogène*	*1 litre.*	16. »
	— —	*1/2 —*	9.25
	— *Yasmine*	*1 —*	15. »
	— —	*1/2 —*	8.75
	— *Isait*	*1 —*	15. »
	— —	*1/2 —*	8.75
1	— *Supérieure, assortie d'odeurs*	*1 —*	15. »
1	— — —	*1/2 —*	8.75
3	— *Surfine* —	*1 —*	11. »
3	— — —	*1/2 —*	6.75
3	— — —	*1/4 —*	4.25
4	— *Fine* —	*1 —*	9. »
4	— — —	*1/2 —*	5.75
4	— — —	*1/4 —*	3.90
	Shampooing supérieur	*1 —*	7.50
	— —	*1/2 —*	5. »
	Shampooing ordinaire	*1 —*	6.50
	Lotions *(Dose pour une friction).*		Prix de gros à la douzaine
1001	CE QUE FEMME VEUT, POUR ÊTRE AIMÉE, NACRÉOR, SÉRIE RARE, EAU DE COLOGNE RÉGINA		24. »
1002	PERLYS, NYTHIS, SÉDUCTION, A LA GLYCÉRINE, SÉRIE ORIGINALE, EAU DE COLOGNE AMBRÉE		19.20
1003	LOTION SURFINE dans les parfums suivants : *Chypre, Foin coupé, Fougère, Héliotrope, Jasmin, Lilas, Mimosas, Muguet, Œillet, Portugal, Rose, Verveine et Violette, Eau de Cologne surfine*		16. »
	Eaux de Quinine (Pages 62 et 63).		
1480	EAU DE QUININE		66. »
1479	—		42. »
1483	—		60. »
1482	—		42. »
5443	—		42. »
1125	—		24. »
1305	—		36. »
	Eaux de Quinine *(Litres et demi-litres)* (Pages 62 et 63).		Prix de gros à la pièce
1	EAU DE QUININE. *Supérieure*	*1 litre.*	15. »
1	— —	*1/2 —*	8.75
3	— *Surfine*	*1 —*	11. »
3	— —	*1/2 —*	6.75
3	— —	*1/4 —*	4.25
4	— *Fine*	*1 —*	9. »
4	— —	*1/2 —*	5.75
4	— —	*1/4 —*	3.90

Nos	DÉSIGNATION	PRIX DE GROS à la douzaine
	Dentifrices (Pages 64 à 67).	
3016	PATE DENTIFRICE .. *A la glycérine* Pot porcelaine .. Grand modèle ..	36. »
3007	— — — .. Petit modèle ..	24. »
3020	— — Tube décoré.. .. Grand modèle ..	24. »
3023	— — — .. Petit modèle ..	18. »
3019	— — Pot verre ..	24. »
142	SAVON DENTIFRICE.. — Boîte rectangulaire en porcelaine ..	28. »
140	— — — en aluminium ..	22.80
201	— — — en carton ..	18.60
138	— — ronde en aluminium ..	19.80
139	— — — en carton ..	16.20
136	OPIAT DENTIFRICE ..	33. »
149	POUDRE DENTIFRICE.. ..	22.20
3018	EAU DENTIFRICE *à la glycérine* .. Grand modèle ..	51. »
3017	— — .. Petit modèle ..	39. »
318	— *Odonthéa* ..	27. »
255	— *Balsamique* .. Grand modèle ..	27. »
254	— — .. Petit modèle ..	19.20
235	ALCOOL DE MENTHE. ..	36. »
1464	EAU DENTIFRICE. *La Renommée* .. *1 litre.*	180. »
1463	— — .. *1/2 —*	108. »
1462	— — .. *1/4 —*	60. »
1461	— — .. *1/8 —*	34.80
	Eaux Dentifrices *(Litres et demi-litres)* (Pages 66 et 67).	Prix de gros à la pièce
1	EAU DENTIFRICE *à la glycérine* .. *1 litre.*	18. »
1	— — .. *1/2 —*	10.25
2	— *Balsamique* .. *1 —*	14. »
2	— — .. *1/2 —*	8.25
3	— *ordinaire* .. *1 —*	12. »
3	— — .. *1/2 —*	7.25
	Poudres de Riz (Pages 68 à 73).	Prix de gros à la douzaine
614	POUDRE DE RIZ. *Ce que femme veut* ..	45. »
972	— *Caprice de Fleurs*..	54. »
1900	— *Pour être aimée*..	45. »
816	— *Agmoré*..	45. »
118	— *Nacréor*..	45. »
821	— *Perlys* ..	42. »
847	— *Nythis* ..	36. »
1717	— *Séduction*. ..	42. »
486	— *Originale* ..	42. »
598	— *Sésostris*..	33. »
471	— *Assortie*..	30. »
1425	— *The Mikado*..	30. »
494	— *The Mistletoe*. ..	30. »
1620	— *La Souveraine* ..	30. »
454	— *Memphis*. ..	33. »
372	— *Santal*. ..	46.20

Nos	DÉSIGNATION	PRIX DE GROS à la douzaine
	Poudres de Riz *(Suite).*	
317	POUDRE DE RIZ. *Assortie*	24. »
580	— —	19.20
935	— —	13.20
1494	— —	15. »
274	— *La Suzel.*	9. »
825	PAPIER POUDRE. *Perlys*	16.20
	Poudres de riz au poids (Pages 72).	Prix de gros à la pièce
4003	POUDRE DE RIZ. *Surfine* .. en étui de *1 kg.* le *kg.*	10.50
4003	— — — *500 gr.* —	12. »
4003	— — — *250 gr.* —	14.25
4002	— *Fine* — *1 kg.* —	8.75
4002	— — — *500 gr.* —	10.25
4002	— — — *250 gr.* —	12.50
	Poudres compactes (Pages 72 et 73).	Prix de gros à la douzaine
340	POUDRE. *Compacte*	45. »
365	— —	24. »
197	— —	30. »
	Savons enveloppés (Pages 74 à 87).	
605	SAVON. *Ce que Femme veut*	39. »
1889	— *Pour être aimée*	39. »
812	— *Agmoré*	39. »
119	— *Nacréor*	39. »
822	— *Perlys*	24. »
848	— *Nythis*	24. »
489	— *Original*	24. »
1718	— *Séduction*	24. »
817	— *Omnibus*	36. »
1331	— *Bouquet de Violettes*	24. »
599	— *Sésostris*	24. »
1395	— *The Mikado*	24. »
300	— *Santal*	24. »
150	— *Isatt*	22.80
1527	— *A l'eau de Cologne*	21. »
1529	— *Fleur de son*	21. »
65	— *Aux fleurs de Lavande*	22.20
3008	— *A la glycérine*	20. »
6	— *Paudouss*	22.80
55	— *Assorti*	27. »
1845	— —	24. »
62	— —	20. »
53	— —	21. »
530	— —	16.20
37	— —	18. »
1049	— *Au suc de Laitue*	18. »
75	— *Le Vénéré*	22.20
193	— *Yasmine*	22.20

Nos	DÉSIGNATION	PRIX DE GROS à la douzaine
	Savons enveloppés *(Suite).*	
1234	SAVON.. *Au goudron de Norvège*	19.80
34	— *Aux Amandes amères*	21. »
1170	— *A la Pâte d'amande blanche*	19.20
4	— *Cosmopolite*	18. »
1844	— *Assorti*	16.80
66	— —	13.80
43	— *Santal Soap*	14.40
68	— *White Rose*	14.40
7	— *Assorti*	15. »
42	— —	13.20
72	— *Le Magistral*	24. »
236	PAPIER SAVON *en feuilles*	15. »
	Savons nus (Pages 86 à 95).	
70	SAVON.. *Le Bon Gros*	24. »
20	— *Le Rondelet*	19.80
85	— *Le Majestueux*	24. »
84	— *Le Petit Gros*	19.80
1639	— *Assorti*	12.60
22	— *A la Pâte d'amande blanche*	16.80
71	— — —	16.20
1241	— *Dulcifié au suc de Laitue*	15. »
31	— *Au suc de Laitue*	16.20
25	SAVON.. *Miel Mouche*	18. »
3	— *Guimauve*	18. »
2	— —	15. »
10	— —	13.20
11	— —	10.80
69	— *Des familles*	18. »
33	— —	9.60
57	— *Indispensable des familles*	15. »
691	— *Léger*	2.75
692	— — *La boîte de 100.*	16.80
24	— *Castel Mignon*	7.50
	Barrettes de savon, Crèmes de savon, Poudres de savon. (Pages 96 et 97).	
3021	SHAVING STICK (savon pour la barbe), *à la glycérine*	21. »
3021 *ter*	— — modèle de rechange.	16.80
520	SAVON POUR LA BARBE étui nickelé	27. »
520 *ter*	— — modèle de rechange	16.80
1833	SHAVING STICK (savon pour la barbe), *L'Indispensable,* étui aluminium	24. »
1833 *ter*	— — — modèle de rechange.	16.80
361	CRÈME DE SAVON en tube	22.20
843	— en pot faïence	60. »
844	— —	48. »
1362	POUDRE DE SAVON	27. »
1415	—	15. »
404	—	13.80
933	—	9.60

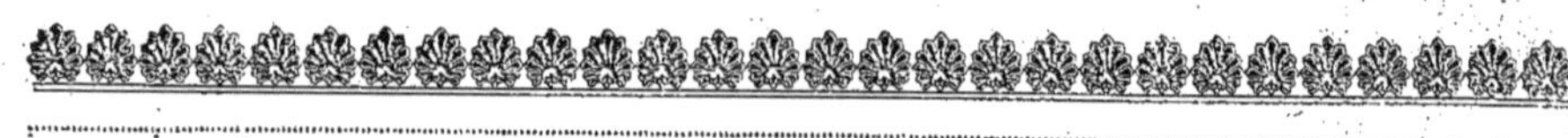

Nos	DÉSIGNATION	PRIX DE GROS à la douzaine
	Poudre de savon au poids (Page 96).	le kilog.
4010	POUDRE DE SAVON en étui de 1 kilog..	9. »
4010	— — 500 gr.	10.50
4010	— — 250 gr.	12.75
	Crèmes de savon au poids.	à la pièce
	CRÈME DE SAVON .. le pot faïence de 1 kilog.	21. »
	— — 500 gr.	12.50
	— — 250 gr.	7.50
	— — 125 gr.	4.60
	Bâtons pour le théâtre (Pages 98 et 99).	à la douzaine
1664	CRAYON *Fond de teint*	24. »
1665	— *Grime*	9.60
1670	ÉTUI *de 8 crayons*	54. »
1671	BATON *à dégrimer*	48. »
341	BATON *pour les lèvres*, étui doré	21. »
354	— étui nickelé	14.40
852	— étui nickelé	19.80
1489	CRAYON *pour cils*	16.20
1488	—	10. »
1618	BLANC ET ROUGE *de théâtre*	19.20
256	VINAIGRE DE ROUGE	15. »
376	BATON *pour lèvres, étui tournant*	54. »
	Crèmes et Eaux de Beauté, Pâtes d'amandes, Poudres de talc. (Pages 100 et 101)	
298	CRÈME DE BEAUTÉ *Mon Caprice*	81. »
1723	— *Séduction*	42. »
3005	CRÈME DE GLYCÉRINE	48. »
3022	—	33. »
1682	PATE D'AMANDES	90. »
1681	—	54. »
170	POUDRE DE TALC *Ce que Femme veut, Pour être aimée, Perlys*	54. »
166	— *La Renommée*	24. »
1381	FLUIDE LÉNITIF	45. »
1746	EAU DE BEAUTÉ *Séduction*	72. »
123	COLD-CREAM *Pot verre opale capsulé*	33. »
	Brillantines et Fluides brillantines (Pages 102 à 105)	
607	BRILLANTINE CRISTALLISÉE. *Ce que femme veut*	57. »
1890	— *Pour être aimée*	57. »
813	— *Agmoré*	57. »
823	— *Perlys*	57. »
1812	— *Séduction*	57. »

Nos	DÉSIGNATION	PRIX DE GROS à la douzaine
	Brillantines et Fluides brillantines *(Suite).*	
608	BRILLANTINE DIAPHANE. .. *Ce que femme veut*	48. »
1891	— *Pour être aimée*	48. »
814	— *Agmoré*	48. »
824	— *Perlys.*	45. »
1813	— *Séduction*	45. »
1577	— *Assortie d'odeurs*	33. »
510	— —	25.20
495	— —	25.20
1648	— —	24. »
455	BRILLANTINE OPAQUE. —	36. »
474	— —	25.20
127	BRILLANTINE SOLIDIFIÉE. —	33. »
488	BRILLANTINE ORIGINALE —	30. »
168	— *Aux violettes de Nice*	39. »
1850	— *Assortie d'odeurs*	28.20
1848	— —	22.20
1346	— —	27. »
1204	— —	19.80
849	FLUIDE BRILLANTINE *Nythis*	30. »
487	— *Originale assortie d'odeurs*	30. »
1311	FLUIDE PERSAN	72. »
335	FLUIDE BRILLANTINE *Assortie d'odeurs*	48. »
1851	—	28.20
1849	—	24. »
	Brillantines et Fluides brillantines *(Litres et demi-litres)* (Page 104).	à la pièce
	BRILLANTINE FINE *Assortie d'odeurs* .. *1 litre.*	15. »
	— — — .. *1/2 —*	8.75
	FLUIDE BRILLANTINE — .. *1 litre.*	22. »
	— — — .. *1/2 —*	12.25
	FLUIDE PERSAN .. *1 litre.*	22. »
	— — .. *1/2 —*	12.25
	Pommades et Vaselines (Pages 106 et 107).	à la douzaine
174	POMMADE *Moelle de Bœuf au Quinine*	49.80
178	— — *au Rhum*	27. »
178	POMMADE *Philocome assortie d'odeurs.*	27. »
1218	POMMADE *Crème Romaine* —	27. »
1046	— — *Capillaire* —	19.80
390	— — *Vaseline* —	19.80
122	— — *Duchesse* —	30. »
	Pommades Hongroises (Pages 106 et 107).	
640	POMMADE *Hongroise*	18. »
693	—	8.40

N°	DÉSIGNATION	PRIX DE GROS à la douzaine
	Cosmétiques (Pages 108 et 109).	
1755	COSMÉTIQUE *extra-fin assorti d'odeurs et de couleurs*	33. »
1754	— — —	22.80
440	— — —	27. »
438	— — —	24. »
435	— — —	20. »
437	— — —	19.20
439	— — —	28.80
1152	— *fixateur, assorti de couleurs*	33. »
1154	— — —	22.80
415	— *carré, assorti d'odeurs et de couleurs*	10.80
	Huiles (Pages 110 à 113).	
294	HUILE ANTIQUE *assortie d'odeurs*	24. »
292	— —	16.20
1348	HUILE QUININE	24. »
1060	—	16.20
1321	HUILE AU QUINQUINA	48. »
1320	—	22.20
1413	HUILE DE NOISETTES	24. »
744	HUILE HYGIÉNIQUE *assortie d'odeurs*	36. »
963	— —	27. »
338	HUILE MACASSAR	33. »
337	—	24. »
336	—	19.20
288	HUILE BRISE D'HANOI	27. »
	Teintures (Pages 114 et 115).	
881	NIGRITINE	180. »
1379	FLAVULINE	78. »
465	COMPOSITION ZOUAVE	42. »
	Articles Divers (Pages 116 et 117).	
1347	FLEUR DE SON	21. »
1452	TABLETTE RÉGINA	28.20
1582	—	21. »
695	EAU DE FLEUR D'ORANGER	36. »
694	—	27. »
1625	CRAYON ONGULAIRE RÉGENCE	27. »
371	PASTILLES FUMANTES	22.20
208	SHAMPOOING EN POUDRE	5.40
1725	SAPONARINE	66. »
490	BANDOLINE	33. »
1892	SACHET SATIN *Pour être aimée*	51. »
1630	— — *assorti odeurs*	21. »
1711	— PAPIER —	45. »
794	POUDRE A SACHETS —	24. »
147	— —	30. »

www.ingramcontent.com/pod-product-compliance
Lightning Source LLC
LaVergne TN
LVHW020437230826
846091LV00004B/1528

* 9 7 8 2 0 1 3 6 8 4 6 9 9 *